要綱に基づく
民法(債権法)改正が不動産取引に与える影響
——●民法改正の全容がわかる65のポイント付●——

編著　深沢綜合法律事務所
編集責任　柴田 龍太郎

大成出版社

はじめに

　民法（債権法）改正法案は、平成27年3月31日に国会に提出されました。本書は、平成27年2月24日に公表された民法（債権法）改正に関する要綱に基づき、改正のあらましや基本理念、同改正が不動産取引に与える影響について解説するものです。

　本書は、当法律事務所が平成23年度から参加した公益社団法人全国宅地建物取引業協会連合会が主催した「民法改正動向をふまえた宅地建物取引制度のあり方に関する研究会」の議論等を基礎としながら執筆・編集したものです。同委員会は平成26年度まで延べ十数回開催され、活発な多くの意見が交わされました。その内容は学術的なことから実務的なものまで多くの貴重な視点を含むものであり、大いに参考になりました。特に委員長の松尾弘慶大教授からは、今回の改正民法が我が国のグローバール化の中で英米法に接近する意義と課題について多くの示唆をいただきました。ここに松尾教授をはじめとして同委員会の委員並びに、同委員会に関わったすべての皆様方に深く感謝を申し上げる次第です。

　もちろん本書の文責はすべて当事務所にあり、特に本書で示した見解（例えば、特約の効力等）については、今後、各方面から種々の議論が交わされるところと思いますが、一つの問題提起と理解頂ければ幸いです。

　ところで、法務当局から、今回の民法改正に関して公表された部会資料はNo.88まであり、極めて膨大なものですが、論点の整理、改正内容、その説明について度々の変遷があり、本書の記述の根拠がどこにあるかを明示する必要があると考えました。そこで、本書の本文中においては出来うる限り部会資料のNo.と頁を示しましたので、今後、議論を進めるにあたり、また、改正後の実務において御活用頂ければ幸甚です。この部会資料については、法務省ホーム・ページの法制審議会・部会資料項目一覧（PDF）から閲覧することができます。

　今回の民法改正は債権法に関するものであり、不動産取引はもとより国民生活に与える影響も大なるところがありますので、事前の認識・理解をお願いする次第です。

本書を亡き深澤 守先生に捧ぐ。

　　　　　　　　　　　　　　　　　　　　　　　　　平成27年7月吉日

　　　　　　　　　　　　　　　　　　　　　　　深沢綜合法律事務所

　　　　　　　　　　　　　　　　　　　　　　　　編集責任者
　　　　　　　　　　　　　　　　　　　　　　　　弁護士　柴田　龍太郎

【参考文献】民法改正を読む（慶應義塾大学出版会）松尾弘
　　　　　契約の再生（弘文堂）内田貴
　　　　　契約の時代（岩波書店）内田貴
　　　　　民法改正（ちくま新書）内田貴
　　　　　民法改正の今（商事法務）内田貴
　　　　　民法Ⅱ債権各論（第2版）（東京大学出版会）内田貴
　　　　　民法Ⅲ債権総論・担保物権（東京大学出版会）内田貴
　　　　　プラクティス民法債権総論（第4版）潮見佳男
　　　　　民法改正の真実（講談社）鈴木仁志
　　　　　民法改正を考える（岩波新書）大村敦志
　　　　　日本不動産学会誌（公益社団法人日本不動産学会No.105）
　　　　　債権法改正の基本方針（民法（債権法）改正検討委員会編
　　　　　別冊NBL/No.126）
　　　　　民法（債権関係）部会資料　法務省
　　　　　契約法の死　グラント・ギルモア

深沢綜合法律事務所編集スタッフ		
編集責任　弁護士　柴田龍太郎		
弁護士　深澤隆之	弁護士　守屋文雄	弁護士　戸部秀明
弁護士　戸部直子	弁護士　髙川佳子	弁護士　沼口直樹
弁護士　山田竜顕	弁護士　大川隆之	弁護士　大桐代真子
弁護士　関　由起子	弁護士　増田庸司	弁護士　関根　究

●深沢綜合法律事務所●
〒170-6022　東京都豊島区東池袋3丁目1番1号　サンシャイン60　22階12号
TEL：03（3983）2226　FAX：03（3983）2359

＜目　　次＞

Q1　民法改正の理由はどのように説明されていますか。………………………… 1
Q2　従来の経緯、今後のスケジュールについて教えて下さい。………………… 3
Q3　不動産取引に影響する論点で、取り上げられなかった論点についてまとめて下さい。………………………………………………………………………… 5
Q4　取り上げられなかった論点について今後も注意することはありますか。… 7
Q5　民法改正が契約全般に与える影響についてまとめて下さい。……………… 9
Q6　英米法の特徴をまとめて下さい。………………………………………………13
Q7　公表された要綱の内容は関係的契約論（内田貴元東大教授で法務省参与の学説）の影響がありますか。………………………………………………………16
Q8　「契約及び取引上の社会通念」の構造を図示して下さい。…………………19
Q9　法務当局が合意を重視している解説箇所をまとめて下さい。………………20
Q10　「契約及び取引上の社会通念に照らし」はどのような箇所で使用されていますか。…………………………………………………………………………22
Q11　当事者の合意が重視される場合、不動産の契約書はどのようなスタイルになるのですか。……………………………………………………………………24
Q12　損害賠償請求の要件である「契約及び取引上の社会通念に照らし責めに帰すべき事由」の立証責任は債権者、債務者のどちらが立証するのですか。…26
Q13　要綱では、いわゆる履行不能はどのように明文化していますか。…………28
Q14　原始的不能はどのように位置付けられたのですか。…………………………29
Q15　危険負担制度は廃止されるのですか。…………………………………………32
Q16　解除についてはどのような規定になるのですか。「責めに帰すべき事由」が解除権を制限する要件になるとはどういうことですか。…………………34
Q17　瑕疵担保責任はどうなりますか。………………………………………………37
Q18　従来の瑕疵担保責任と「契約の内容に適合しない場合の売主の責任」の相違点等について整理して下さい。………………………………………………39
Q19　現行法の瑕疵担保責任と改正後の「契約の内容に適合しない場合の売主の責任」の違いについて具体的事例をふまえて説明して下さい。………………42
Q20　「契約の内容に適合しなくても売主は責任を負わない」という特約は有効ですか。………………………………………………………………………………45
Q21　「契約の内容に適合しなくても売主は責任を負わない」という特約をしていたのに、売主が雨漏りの事実を知っていた場合、売主は雨漏りについて責任を負いますか。…………………………………………………………………47

Q22 契約の内容に適合しない場合の売主の責任の契約条項はどのようになりますか。……………………………………………………………………………49

Q23 「本件土地には土壌汚染の可能性があり、売主は土壌汚染については契約不適合責任を負いません。」という特約をしたが、売主が土壌汚染の事実を知っていた場合、売主は土壌汚染について契約不適合責任を負いますか。…51

Q24 中古物件の売買契約で「雨漏りがあっても契約不適合責任を負いません。」という特約をした場合、実務上配慮すべきことや注意すべきことがありますか。………………………………………………………………………………52

Q25 売買に関する手付など、その他の規定はどのように変わりますか。………54

Q26 民法改正が売買契約に与える影響をまとめて下さい。………………………57

Q27 賃貸借契約に関して、業界が中間試案段階で懸念を示した制度で、要綱でも維持された制度として、どのようなものがありますか。………………58

Q28 極度額制度の実務に与える影響をまとめて下さい。…………………………59

Q29 賃貸借契約との関連で保証の制度に新たに導入された制度にはどのようなものがありますか。…………………………………………………………60

Q30 賃借人の修繕する権利の明文化に関する問題点は何ですか。………………62

Q31 賃料当然減額が認められる場合の問題点はどこにありますか。……………64

Q32 「鍵の返還をもって明渡しとする。」との特約は有効ですか。………………66

Q33 民法第602条から、「処分につき行為能力の制限を受けた者」が削除されたのは何故ですか。……………………………………………………………67

Q34 賃貸借の存続期間（民法第604条関係）はどのようになりましたか。……69

Q35 不動産賃貸借の対抗等を定める民法第605条はどのように変わりますか。…70

Q36 合意による賃貸人の地位の移転の規定はどうなりましたか。………………72

Q37 賃貸借終了後の収去義務及び原状回復義務（民法第616条、第598条関係）について何か改訂がありましたか。………………………………………73

Q38 敷金について明文が設けられたということですが、その内容を説明して下さい。…………………………………………………………………………75

Q39 賃借人が多額の保証金を賃貸人に預託していた場合、オーナーチェンジがあると免責的債務引受がなされますが、その要件が変わりますか。………77

Q40 賃貸人から賃借人に対する損害賠償請求権に関する期間制限（民法第621条、第600条関係）に関する改正の内容について教えて下さい。……………80

Q41 駐車場契約のような継続的契約においては正当事由がなければ更新拒絶できない、あるいは期間の定めがない場合に解約を制限する規律が検討されていましたがどうなりましたか。………………………………………………82

Q42 将来債権の譲渡が明文化されたとのことですが、収益物件の将来の賃料債権の全部をXに譲渡した後で、その収益物件をYに譲渡した場合、Yは賃料債権を取得できないのですか。……83
Q43 賃貸借に関するその他の改正点をまとめて下さい。……85
Q44 錯誤に関する規定はどうなりますか。……87
【不動産取引の周辺の制度に関する改正点】……89

アメリカのエスクロー制度について……97
民法(債権法)改正の全容が分かる65のポイント……99

●コラム目次●

コラム1	TPP、FTA等の妥結の影響は不動産取引にも及ぶ？	2
コラム2	整備法と整理法	4
コラム3	「取り上げない論点」の検索	6
コラム4	付随義務・保護義務の影と責任の爆発(厳格責任主義)	8
コラム5	アメリカでは何故契約を破る自由があるのか。	12
コラム6	厳格責任と契約不適合責任の熾烈	18
コラム7	今回の改正のキーワードである「契約及び取引上の社会通念に照らし」という用語は、国内と海外に向けられた両にらみの用語である。	21
コラム8	不動産業の現場からの質問に答える(1)「民法改正によって不動産取引の裁判は増えるのか」	23
コラム9	不動産業の現場からの質問に答える(2)「消費者保護の視点はどうなるか」	27
コラム10	玉虫色の決着～履行請求・原始的不能	30
コラム11	定型約款と標準不動産契約書	33
コラム12	不動産業の現場からの質問に答える(3)「契約の内容に適合しない場合の売主の責任」	41
コラム13	不動産業の現場からの質問に答える(4)「契約不適合責任と代金減額請求の関係」	44
コラム14	不動産業の現場からの質問に答える(5)「契約不適合責任の特約と宅建業法・消費者契約法」	46
コラム15	不動産業の現場からの質問に答える(6)「契約不適合に関する仲介業者の調査」	48
コラム16	不動産業の現場からの質問に答える(7)「売主の契約不適合責任と媒介業者の責任の関係」	50
コラム17	ホームインスペクションとは何か	53

コラム18　不動産業の現場からの質問に答える⑻「競売手続と契約不適合について」…56
コラム19　不動産業の現場からの質問に答える⑼「賃借人の自殺と元本確定事由について」……61
コラム20　改正民法は現時点で締結されている賃貸借に適用されるか？…………68
コラム21　宅建業法第38条は売主たる宅建業者に「契約の内容に適合しない場合の売主の責任」（契約不適合責任）がある場合を想定して合意された損害賠償の予定、違約金に適用されるか。…………74
コラム22　使用貸借が諾成契約にされた理由………………………………………76
コラム23　媒介契約の性質は？………………………………………………………81
コラム24　法制審議会………………………………………………………………84
コラム25　不安の抗弁権……………………………………………………………86
コラム26　告知書に不実表示があった場合の特約による対応……………………88
コラム27　錯誤無効が錯誤取消に変わって何が変わるのか。……………………96

Q1 民法改正の理由はどのように説明されていますか。

なぜ改正するのですか？

分かりやすくすること。社会経済の変化や国際取引ルールへの対応などもあります。

A1

1. 分かりやすい民法にする
   判例を十分に理解している人間でなければ民法が使えないというのは問題であり、判例法理等を明文化して、国民にとって分かりやすいものにする必要がある。

2. 条文のあり方を変える
   現在の民法の条文は俳句のように短く、また、「瑕疵担保責任」などと一般に使用されていない用語も多用されていて、国民に理解されにくいものになっているので、条文の文言のあり方を変える必要がある。

3. 社会経済の変化への対応
   例えば、市場金利とかけ離れた法定利息（民事は年5分、商事は年6分）により、裁判に負けると銀行金利以上の利息を支払うことになり、現実の経済活動への弊害も生じている。このように明らかに改正の必要がある規定が取り残されることがないように、全面的見直しを行う必要がある。

4. 国際的な取引ルールとの関係
   国際取引が盛んになっている現代において、諸外国の取引ルールとの整合性という点も考えて民法を作り直す必要がある。

（注）以上の改正理由等は、内田貴「民法改正」（ちくま新書）、大村敦志「民法改正を考える」（岩波新書）に詳しい。

確かにいずれの理由も理解できるのですが、筆者は、今後の実務への影響を考えるととりわけ4の関係が重要だと思います。TPP、FTA等により、今後、海外企業との取引の増大を考えると、大陸法系である現民法を少しでも当事者の合意を重視する英米法系の法体系、制度に近づけたいのではないでしょうか。

コラム 1

TPP、FTA等の妥結の影響は不動産取引にも及ぶ？

　マスコミ報道だけを見ていると、TPP、FTAは農業分野、医療、関税だけの問題として捉えられているように見えますが、決してそうではありません。いわゆるサービス貿易の分野を含みます。サービス貿易で扱われる分野は、実務、通信、金融、輸送、建設、流通、観光・旅行、教育、健康、娯楽・文化、環境など、非常に多岐にわたっていますが、WTO（世界貿易機関）事務局では、サービスを上記11分野とその他のサービスを加えた12分野155業種に分類し、その形態を4とおりに分けています。農林水産業を除けば、あらゆる産業がサービスに当てはまります。WTOのサービス分類によると不動産に係るサービスは「実務」サービスの一つとされています。
　ところで、内田貴氏は、国際競争力の中の民法の重要さを強調し、次の趣旨を力説しています。「今日の世界の契約法の水準を示すような公平な内容を持ち、英語に訳しても明晰さを失わない文章で書かれた民法を持つことは、日本企業と取引する海外の相手企業に対しても、取引において日本法を準拠法として使用する大きな動機を与えます。」（内田貴・「民法改正」219頁）。
　しかし、この点は、契約実務のあり方にも影響する重要問題なはずなのに、今回の民法（債権法）改正に関するマスコミ報道で取り上げられているのを見たことがありません。どうしてか不思議です。

Q2 従来の経緯、今後のスケジュールについて教えて下さい。

いつ頃成立するのですか？

3月下旬に法案を提出。早期の成立を目指しているようです。

A2

　平成20年秋、学者・法務省参事官・事務官からなる民法改正の私的な検討委員会（非公開）が発足し、同検討委員会の案、その他の案をたたき台として平成22年10月、法制審議会の検討が始まりました。法制審に民法改正の諮問をしたのは民主党政権下の千葉景子法務大臣であり、諮問理由は、「民事基本法典である民法のうち債権関係の規定について、同法制定以来の社会・経済の変化への対応を図り、国民一般に分かりやすいものとする等の観点から、国民の日常生活や経済活動に関わりの深い契約に関する規定を中心に見直しを行う必要があると思われるので、その要綱を示されたい。」ということでありました。同審議会の審議を経て、平成25年3月に中間試案が公表され、平成25年4月16日から同年6月17日と中間試案に関するパブリックコメントが受け付けられました。パブリックコメント等を踏まえた具体的な条文の素案を経て、平成26年4月以降、要綱仮案（案）の検討に入っていましたが、同仮案（案）は、定型約款を除いて平成26年8月26日に法制審議会で承認され、同年9月8日要綱仮案が公表されました。同年9月以降の法制審議会の部会は2ヵ月に1回程度開催され、その後、平成27年2月までの間に要綱、そして、他の法律との関係を調整する整備法案が作成され、平成27年3月31日、第189回国会に民法改正法案、整備法案が提出されました。

【従来の経緯と今後のスケジュール】
　平成20年秋　学者・法務省参事官・事務官からなる民法改正の私的な検討委員会（非公開）が発足
　平成22年10月　法制審議会の検討が始まる
　平成25年3月　中間試案が公表
　同年4月16日から同年6月17日　中間試案に関するパブリックコメントを受付

平成26年４月以降　要綱仮案（案）の検討
平成26年９月８日　要綱仮案が公表
平成27年２月頃までの間　要綱、そして、他の法律との関係を調整する整備法案を作成
平成27年３月31日　第189回国会に民法改正法案、整備法案を提出

コラム２

整備法と整理法

　新たな法律の施行等に伴って関係法律の改正が行われる場合に、実質的な政策判断に基づいた改正も併せて行われるようなときには、「…（法の施行に伴う）関係法律の整備に関する法律」といった題名がつく、いわゆる「整備法」が成立します。この「整備法」に似たものとして「整理法」と呼ばれるものがあります。これは、法律の制定改廃に伴って関係法律中の不要となった規定を削ったり、字句を改める等、必然的に行われる改正を内容とするものであり、通常「…（法の施行に伴う）関係法律の整理に関する法律」といった題名が付されます。

Q3 不動産取引に影響する論点で、取り上げられなかった論点についてまとめて下さい。

取引に影響があるもので取り上げられなかったものもあるのですか？

いくつもあります。取り上げられなかった論点としてまとめてみました。

A3

　概ね次のような論点です。なお（　）内の資料番号と頁は、取り上げない理由を説明している法制審部会資料の番号と頁数です。

【取り上げられなかった主な論点】
　不動産取引関係で取り上げられなかった主な論点は次のものである。
① 「第三者詐欺」における媒介業者の例示化（部会資料66A、3頁）
② 履行請求権の限界事由という用語を使用した履行不能（部会資料68A、1頁）
③ 根保証債務関係のうち
　ⅰ．元本確定期日の規律の適用範囲拡大（部会資料70A、3頁）
　ⅱ．一定の特別な事情がある場合に根保証契約の保証人が主債務の元本の確定を請求することができるという規律（いわゆる特別解約権の規律）（部会資料70A、2頁）
　ⅲ．事業者である債権者は、個人を保証人とする保証契約を締結しようとする場合には、保証人に対し、一定事項を説明しなければならないものとし、債権者がこれを怠ったときは、保証人がその保証契約を取消できるものとする。（部会資料80-3、21頁）
　ⅳ．事業者である債権者は主たる債務者の履行が遅延したとき、個人の保証人に対し、遅滞なくその事実を通知しなければならないものとし、債権者がこれを怠ったときは、その義務を怠っている間に発生した遅延損害金に係る保証債務の履行を請求することができない。（部会資料70A、14頁）
　ⅴ．賃借人に対する強制執行申立等を元本確定事由としないという規律（部会資料83-2、18頁）

(70B、80B等で様々な議論がなされているが、部会資料82-2、17頁が最終的な内容となっている。部会資料80-3、21頁で70B、76B、78Bの保証人の責任を減免しようとした論点を取り上げないことを明示。)
④ 契約に関する基本原則（付随義務及び保護義務）（部会資料75A、3頁）
⑤ 信義則等の適用に当たっての考慮要素（部会資料75A、3頁）
⑥ 強制競売においては目的物の性状について契約の趣旨に適合しないものがあっても、契約不適合責任（瑕疵担保）を適用する。（部会資料75A、26頁）
⑦ 買主が事業者の場合における目的物検査義務及び適時通知義務（部会資料75A、33頁）
⑧ 買主の義務（部会資料75A、33頁）
⑨ 売買の予約（民法第556条関係）（部会資料75A、33頁）
⑩ 不安の抗弁権（部会資料80-3、32頁）
⑪ 継続的契約に関する規律（部会資料70A、67頁）
⑫ 複数契約の解除（部会資料68A、43頁）
⑬ 意思能力の定義（部会資料73A、26頁）
⑭ 事情変更の原則による解除（部会資料82-2、9頁）
⑮ 契約交渉段階の情報提供義務（部会資料81-3、30頁）
⑯ 契約の不当破棄（部会資料75A、3頁）
⑰ 暴利行為に関する規律（部会資料82-2、1頁）
⑱ 保証人の責任の減免（部会資料80-3、21頁）
⑲ 契約の解釈の基準（部会資料80-3、31頁）
⑳ 不実表示を錯誤の一類型とする（部会資料83-2、1頁）
㉑ オーナーチェンジの敷金担保責任（部会資料45、14頁。甲案は中間試案で取り上げられていなかった）

コラム 3

「取り上げない論点」の検索

今回の民法（債権法）に関する「部会資料」は88に及びましたが、従前議論されていたが「取り上げない論点」になったものが少なくありません。しかし、どの段階で「取り上げない論点」になったのか、その理由は何故かを調べようとすると、これが極めて困難な作業を伴うことになります。過去の部会資料の中を彷徨しながら探すことになりますが、部会資料の枠内にまとめて記載されていることもあれば解説の中で埋もれるように記載されていることもあります。今後、改正法で新たに条文化されなかった経緯や解釈が問題になるとき、「取り上げなかった論点」と、その理由は極めて重要であると思います。上記資料番号はその一部ですが、今後全体について整理していきたいと考えています。

Q4 取り上げられなかった論点について今後も注意することはありますか。

取り上げられなかった論点で今後注意すべきことは？

裁判実務に影響するものもあり要注意です。

A4

　取り上げられなかった論点は多々あります。すべてを挙げるときりがありませんが、重要なところでは、㉑の「収益物件の売買を困難とする収益物件売主が売買後も敷金返還義務を免れないとの規律」、⑪の「借地借家法の適用のない継続的な駐車場契約にも正当事由のない限り、自動更新される旨の規律」、⑮の要件があいまいであると批判のあった「契約締結過程で契約当事者に互いに情報提供義務を課す規律」、⑥の「ローンの審査強化が懸念された競売の目的物についても性状について瑕疵担保責任を適用する規律」、④の制度インフラが未だ整っていないため混乱が予想された「土壌汚染の可能性等、買主の生命・身体に影響を与える可能性がある場合に売主に積極的調査・検査義務（保護義務）を課す規律」、④と同様に混乱が予想された⑦の「宅建業者のような事業者買主の場合に事業者買主に対して売買物件の瑕疵に関して現商法第526条と同様に検査・通知義務を課す規律」、⑳のかえって消費者に不利となると懸念された「不実表示を錯誤取消の一類型とする規律」、①の「第三者詐欺の一例として媒介業者を名指しした規定」、⑩⑭の「契約関係が不安定となることが懸念された不安の抗弁権・事情変更の原則に関する規律」、③ⅰの「建物賃貸借の保証人が一定の期間経過後は責任を負わなくなる元本確定期日に関する規律」、③ⅲの「家主が、個人を保証人とする保証契約を締結しようとする場合に、その保証人に対し、借主に関する収入等の一定事項を説明しなければならないとし、家主がこれを怠ったときは保証契約を取消できるとする規律」、⑱の「個人保証人の責任を、裁判所が事後的に、保証人の支払能力等に照らして減免できるとする規律」、「事業者賃貸人と消費者賃借人間の建物賃貸借契約で自然損耗・摩耗部分を賃借人の原状回復義務の対象とする特約を全て無効とする規律」などです。しかし、取り上げなかった論点のなかには、法理そのものが否定されたわけではないものがあり、それらについては今後も解釈の問題として残ることになります。例えば、

媒介業者による第三者詐欺に関する取消、事情変更の法理による契約の解除、暴利行為による無効等については今後も主張され、裁判の論点となり得るということです。また、媒介に関する定義は見送られましたが、「準委任であることは明らかである。」との理由でしたので（部会資料17－2第3、2(2)〔31頁〕）、今後の媒介実務が論議される際に影響があると思います。

　また、今回の改正の要点でもある「当事者の純粋な合意（裸の合意）に拘束力を持たせる」ためには、合意の基盤がきちんと備わっていなければならないわけですが、そのためには㋐合意の判断材料が正確な情報に基づくものでなければならないこと。㋑合意の意思表示に瑕疵があってはならないことが必要です。㋐のためには情報提供義務が重視され、㋑の観点からは不実表示の主張が動機の錯誤の一類型として主張されるなど、今後の裁判実務でも論議されることになるでしょう。その意味で取り上げられなかった論点からも今後も目が離せません。

コラム 4

付随義務・保護義務の影と責任の爆発（厳格責任主義）

　中間試案においては、まず、
①付随義務として、「相手方が当該契約によって得ようとした利益を得ることができるよう、当該契約の趣旨に照らして必要と認められる行為をしなければならない」という規定
②保護義務として、「相手方の生命、身体、財産その他の利益を害しないために当該契約の趣旨に照らして必要と認められる行為をしなければならない」という規定
を、それぞれ設けることとされていました。このような義務は、現在でも、当事者間で明示又は黙示に合意された義務として認められています（例えば土壌汚染が判明した事案につき、東京地判平18.9.5判タ1248号230頁、判時1973号84頁）。しかし、これに明文の根拠がないことから、信義則に依存することなく、これらの様々な義務の根拠となる規定を設けようとしたものです。

　しかしながら、長い議論の末、「規範の内容が明確になるという意見がある一方、その内容が十分に明確であるとは言えず、契約当事者の予測可能性が高まるかどうかには疑問もあり得るし、裁判規範として十分に機能するかどうかには疑問も残るとの批判もある。法制審議会の検討部会においてもこのような規律の有用性については意見が分かれており、パブリックコメントに寄せられた意見も分かれている。このため、結局、この論点については取り上げないこととした」（部会資料75A 3頁）との結論になりました。

　ちなみに、この論点が検討されていた際、その法的責任について、不法行為責任なのか、一種の契約責任なのかの議論がありましたが、その点は明記しないということでありました。仮に、不法行為責任の一類型として構成することが可能であるとすると、売主Aが土壌汚染の原因を作るなどその存在を知りつつ、それを敢えて除去しなかった結果、買主Bではなく、そのBから譲り受けたCに損害が発生した場合に、CがAに対して危険を除去しなかったとして、不法行為に基づく損害賠償責任を問う可能性もあります。「契約法は死んだ」と言ったアメリカの法学者グラント・ギルモアが製造物責任で「責任の爆発」（厳格責任主義）といった現象が、土壌汚染問題で起きるかもしれません。明文化はされなかった付随義務・保護義務ですが、今後、影のように土地取引に付きまとうような気がします。なお、厳格責任主義を解説したコラム6を参照して下さい。

民法改正が契約全般に与える影響についてまとめて下さい。

A5

　「責めに帰すべき事由」が「契約及び取引上の社会通念に照らして責めに帰すべき事由」に、瑕疵担保責任が「契約の内容に適合しない場合の売主の責任」となることで、現実の実務において契約書の文言が重視される傾向が強まることになると思います。

　まず、今回の改正論議の中で当初、最も注目されたのが損害賠償請求の要件の中に「責めに帰すべき事由」という文言が残るかどうかということでした。現行の民法の条項は、「債務者がその債務の本旨に従った履行をしないときは、債権者は、これによって生じた損害の賠償を請求することができる。債務者の責めに帰すべき事由によって履行をすることができなくなったときも、同様とする。」となっています（民法第415条）。これは過失主義といわれるもので、要するに債務者が契約で約束された債務を履行できなかったとしても、債務者が何らかの落ち度で履行できなかった場合に限って損害賠償の責任を負うとするものです。もともとの発想は、個々の契約の文言に現れた当事者の合意（純粋主観的意思・合意）それ自体を重視するのではなく、個々の合意に先行する抽象的規範を基準に契約違反があったか否かを考えるというものでした。これはローマ法以来のシビル・ローの規範重視によるものでしたが、実際には契約書に事細かに書かなくても、裁判所が、民法の条文や社会規範を重視して契約内容や契約違反を判断できるという機能がありました（注1）。それに反して、改正論議で示された当初の案文は、個々の契約の文言に現れた当事者の合意（純粋主観的意思・裸の合意）それ自体を重視するコモン・ローの方向へ転換しようとするもので、要件から「責めに帰すべき事由」を外し、「契約において債務者が引き受けていなかった事由については責任を負わない」という文言に改めようとしたのです（注2、3、6）。これに対しては、実務界から、契約締結時点において、「契約において債務者が引き受けていなかった事由」を多数羅列することによってリスクを回避するという発想になるので、契約書が長文化するのではないか、

そうすると対等でない当事者間では弱者に不利な契約書が締結されることが多くなるのではないかなどの批判が続出しました（注4）。今回、要綱で示された規律は、いわば現行法と当初の改正案の折衷的なものとも言うべきもので、「契約及び取引上の社会通念に照らし債務者の責めに帰することができない事由によるものであるときは、債務者は、その債務の不履行による損害賠償の責任を負わないものとする。」とされました。この文言についての評価が分かれ、「取引上の社会通念」が入ったことで、かえって合意の効力が弱まるとの見解もありますが、法務当局は、合意（特約）がある場合には「取引上の社会通念によって合意の内容が変容されることは想定されていない」旨を至る所で明言しており（Q9参照）、更に「責めに帰すべき事由」の不存在を債務者の立証責任にしたこと（Q12参照）等とあいまって、英米法的な当事者の契約における純粋意思（合意内容）を重視するという視点がかなり強くなったと考えます。今後は、契約で合意したことが守れなかった場合には事実上債務不履行ということになるでしょう。最近の最高裁の判決も契約文言重視の傾向にありますが、瑕疵担保を「契約の内容に適合しない場合の売主の責任」（契約不適合責任）と改変した（部会資料81－3、8頁以下）こと等も考え合わせると民法改正後は更に契約文言重視の傾向が強まると思われます（注5）。

（注1）松尾弘「民法改正を読む」9頁以下参照
（注2）債権法改正の基本方針（民法（債権法）改正検討委員会編　別冊NBL/No.126）
【3.1.1.62】（債務不履行を理由とする損害賠償）債権者は、債務者に対し、債務不履行によって生じた損害の賠償を請求することができる。(別冊NBL/No.126、136頁)
【3.1.1.63】（損害賠償の免責事由）(別冊NBL/No.126、136頁)
〈1〉契約において債務者が引き受けていなかった事由により債務不履行が生じたときには、債務者は【3.1.1.62】の損害賠償責任を負わない。(別冊NBL/No.126、136頁)
（注3）当初の部会資料5－1においても次のような問題提起がなされていました。「(2)『債務者の責めに帰すべき事由』の意味・規定の在り方。『債務者の責めに帰すべき事由』（民法第415条）の意味は、条文上、必ずしも明らかではない。そのため、この意味については、学説上、債務不履行による損害賠償責任の帰責根拠を過失責任主義に求めるか否かという点に関連して、争われている。債権債務関係の最も基本的なルールの一つを定める規定の意味が不明確であることは望ましくないとして条文の文言等を再考すべきという考え方もあるが、このような点を踏まえ、『債務者の責めに帰すべき事由』の規定の在り方について、どのように考えるか。」
（注4）内田貴「民法改正」143頁以下に議論の経緯が紹介されています。なお、内田氏は、このような批判が出たことをひとりの学者として非常に興味深く感じたとし、学者の言っている契約とは契約書そのものでないと反論しています。実務界からは、内田氏の主張のとおり、契約の観念が契約書そのものでないとしても、契約書に引き受けた内容、引き受けない内容を具体的に明記すれば、裁判所はそれを重視せざるを得ないという再反論がなされています。この実務界の再反論は、Q9で紹介した法務当局解説が示した「契約及び取引通念に照らして当事者間の特約の内容を変容させるようなことは想定されていない。」（部会資料79－3、8頁・10頁等）の記述に裏付けられると思われます。
（注5）中間試案までは、「契約の趣旨に照らし責めに帰すべき事由」との表現でしたが、「契約の趣旨」との文言からは取引通念が考慮されるべきであることが読み取りにくいとの問題があるとされ、最終段階（部会資料79－3、7頁以下）で「契約及び取引上の社会通念」に変更された経緯がありました。この点に関し、「契約及び取引上の社会通念」も「契約の趣旨」と同様に、「契約の内容（契約書の記載内容等）以外の契約の性質（有償か無償かを含む。）、当事者が契約をした目的、契約の締結に至る経緯を始めとする契約をめぐる一切の事情を考慮し、取引通念をも勘案して、評価・認定されるものである。」としています（部会資料79－3、7頁）。しかし、いずれにしても「契約及び取引上の社会通念」が法文上、至るところに明記されることから、逆説的ですが、弁護士等の契約書作成の実務家は、契約の中身、効力は、契約書の記載内容そのものではないということをいやが上でも意識させられることになり、その結果、契約書の記載内容によって、記載内容以外から生じる契約の中身、効力等の解釈のまぎれを消しておきたいと考えるようになるでしょう。そこで、契約書の作成に当たっては、契約の内容そのものを詳細化することで、不確定で予見困難な他の要素からの影響（評価・認定するのは契約当時は全く見ず知らずの裁判官であり、契約当事者ではない）を消去する傾向が強くなると思われます。なお、実務の中では、いわゆる「完全合意条項」を使用するという動きも出てくるかもしれません。その効力は未だ未知数ですが、今後の実務の動向を注視したいと思います。

ちなみに完全合意条項とは、例えば、「当事者は、本契約の用語は本契約の目的物に関する当事者の最終的な表現であり、以前又は同時のその他いずれの契約を証拠として、これを否認してはならないことを意図する。当事者はさらに、本契約はその用語の完全かつ排他的陳述を構成するものであること、及び本契約に取り入れられているすべての司法上、行政上又はその他の法的手続きにおいて、いかなる外部証拠を導入してはならない。」など契約条項の内容に強い拘束力を認めるものですが、逆に、そのためには契約書の内容が詳細で矛盾のないものであるなど高い完成度が要求されることになります。なお、アメリカにおいて、契約について常に書面を要求するのは、契約の解釈の名のもとに、裁判所による意味の持ち込み・押し付けをできるだけ避けようとする危険の回避、契約書という客観的要件による裁判という権力の制限であり、究極的には個別案件ごとの物事の徹底した相対化であるといわれています。

　更に、瑕疵担保が契約不適合責任になったことで、きちんとした**不動産取引であれば事前の専門家調査（インスペクション）を厳密に実施し、合意の内容が実態・事実に基づくものとし、合意の内容が永続的に担保される環境をつくることに専念する**ことになると思われます。

（注6）　　　　　　　　　【シビル・ローとコモン・ローの考え方の違い】

	シビル・ロー（大陸法）→現民法	コモン・ロー（英米法）→改正理念
特徴	一般化されたルールにより契約内容・契約違反の有無を解釈 ↓ そのルールから見て「契約目的内容」は有効か無効か、「責めに帰すべき事由」があったか ↓ 一般化されたルールからのいわば上から目線で解釈	個々の契約の文言に現れた当事者の合意（純粋主観的意思・合意）それ自体を重視し、契約内容や契約違反の有無を判断 ↓ 個々の契約における合意内容を重視する ↓ いわば当事者目線で解釈
解釈の違い	【職権主義的解釈】 　刑事訴訟法では職権主義、糾問主義として現れる（訴状にかかれた訴因は事実究明のきっかけであり、裁判所が事件の実態・公訴事実を探求する）。	【当事者的解釈】 　刑事訴訟法では当事者主義として現れる（訴状に書かれた訴因は検察官の主張であり、それを立証できるか否か。原則として、職権による探求は許さない）。 　民事でも、最近の最高裁の判決は、特約の一義的・明瞭性を有効の前提条件としていることからすると既に先取りしている傾向はある。
法の歴史	もともとはローマ法（注）に由来し、ローマが世界制覇をすすめる中で、異邦人も含む、支配下市民の個々の契約内容は、有効・無効も含めて個々の契約文言から乖離（かいり）してもローマのルールのもとに解釈。ローマカトリックの権威とも結合。 　個々の合意に先行する抽象的規範に拘束されることを承認しているからこそ契約は守らなければならない。規範重視。この観点から見ると「責めに帰すべき事由」という言葉は「規範からみて」との枕言葉を置くと含蓄がある表現である。 （注）紀元前753年に建国された古代ローマにおいて十二表法を基礎に形成された法。紀元6世紀に編纂されたローマ法大全を通じて中世以降のヨーロッパ大陸諸国に影響を与えた。	もともとは11世紀のイングランド王（ウィリアム征服王以降）の王権の拡大に伴い、ローマ法、カトリック教会法から隔絶した世俗法として進化。やがてマグナカルタ（1215年）により王権よりも優位。経済発展のためには優れた法体系との主張あり。自由主義的。 　後進国の発展のために、当事者の合意に介入しないコモン・ローが優れているとの論文が発表されている。ただし、早急に外部規範を受け入れた故に深刻な混乱を来たした事例もある。国家・社会主義的な発想の強い日本の伝統に合うか疑問。
責任の根拠	契約違反→「責めに帰すべき事由」の有無	「契約違反→引き受けたか否か」→追完請求有（契約尊重の思想）

原始的不能	原始的不能契約は無効→契約締結上の過失の法理（不法行為）で解決→損害賠償（信頼利益）	原始的不能契約も有効→契約違反→損害賠償（履行利益）
原始的一部不能	原始的一部不能→法定責任としての瑕疵担保責任→契約解除・損害賠償請求	原始的一部不能→契約違反としての瑕疵担保責任→追完（代替物・補修）請求のメニューあり
後発的不能	後発的不能→危険負担	後発的不能→解除制度で統一的解釈
解除	責めに帰すべき場合に契約解除	契約目的が達せられない場合に契約解除

コラム 5

アメリカでは何故契約を破る自由があるのか。

「契約を守る義務とは、コモン・ローでは、もし契約を守らないのなら賠償金を払わなければならないという予告を意味するにすぎず、それ以外の何ものでもない」（1897年ホームズ判事講演）とされ、英米法では「契約を破る自由」があるといわれています。この「契約を破る自由」は、金銭補償原則を採る英米法に固有の性格を背景に持っているから、債務の現実的履行強制を原則として認める日本民法においては、そもそも認められないとの見解が我が国の民法学者の圧倒的多数だといわれています。この議論により正当化できるのは、債務の現実的履行を強いられないということに尽きるわけですが、英米法では、そもそも履行請求権がないということと関係しており、また、「契約を破る自由」の議論は、巨額に及ぶ賠償責任を負ってでも契約を破棄して別の道を採る方が経済的合理性があるという場面を想定しており、徹底した経済的レッセフェール（自由放任）に基づくとされています。すなわち、契約を破った責任を免責するか否かを論じているのではないということは留意すべきです。

Q6 英米法の特徴をまとめて下さい。

英米法の特徴は？

成文法でなく、判例法が基本法であること。また、契約当事者の純粋意思を尊重するということです。

A6

英法の純粋意思の尊重
英法では、我が国のように成文法がないため、契約を一人ひとりの当事者の行う約束に分解して説明する。

衡平法（エクイティ）
英法において、コモン・ローは、イングランドのコモン・ロー裁判所が下した判決が集積してできた判例法体系であるのに対し、エクイティは、コモン・ローの硬直化に対応するため大法官（Lord Chancellor）が与えた個別的な救済が、雑多な法準則の集合体として集積したものである。アメリカ合衆国も、イギリスからコモン・ローとエクイティの区別を継受した。

米国における英法の承継

米国における契約法理の特徴

判例をリステイトメント（注1）が抽出し、規範を構築。恣意的なまとめであるとの批判	契約効力は極限まで縮小（レッセフェール経済に対応）
	原則として履行請求を認めない（注6）

```
                                      があるが、その描かれ
                                      たアメリカの契約像と
                                      は、
                    ┌─────────────────┘         │
         ・口頭合意の排除                  契約を破る自由 ── 損害賠償
           （注3）                        （注2）         で解決
         ・約因（コンシダ
           レーション）（注
           4）                         ┌──────────────────────┐
         ・法と道徳の分離                │ 合意の効力が弱く、すべて損│
           （注5）                      │ 害賠償の問題とするという意│
                                       │ 味で日本法と大きく異なる（不│
                                       │ 法行為的構成が内在する）  │
                                       └──────────────────────┘
```

ギルモアの「契約法の死」における批判
　リステイトメントで敢えて排除された判例群の中には約因要件を緩和あるいは排除し、又は**契約的禁反言**の法理を用いて当事者を救済するものがあった

ギルモアの「契約法の死」における主張
　禁反言の法理等で契約法は **不法行為法** に吸収される（契約法の死）
（注7）
　　　　　　　　　　　製造物責任に見られる責任の厳格化
　　　　　　　　　　　（責任の爆発）（注8）

その主張により、契約周辺にある合意に基づかない権利義務を顕在化した
（注9）

（注1）連邦制をとる合衆国では、州ごとに州議会によって州法が制定されているだけでなく、コモン・ローの下で州裁判所ごとに判例法が形成されているという状況にあり、その内容も各州の慣習に応じて様々であったが、20世紀になって交通・通信技術が発達すると、各州の慣習の地域差も小さくなったことから、何世紀にもわたって判例が集積されるだけでは分かり難くなるという考えが民間から出て広まるようになりました。そのような状況認識から1923年にアメリカ法律協会（American Law Institute）が設立され、現在のリステイトメント事業が着手されました。リステイトメント自体は、あくまで民間の団体が発行するものにすぎないことから、法的な効力を有する法律ではなく、二次資料（secondary sources）にすぎないとされています。

（注2）「契約を守る義務とは、コモン・ローでは、もし契約を守らないのなら賠償金を払わなければならないという予告を意味するにすぎず、それ以外の何ものでもない」（1897年ホームズ判事講演）

（注3）口頭合意の排除の原則（Parol Evidence Rule）とは、「書面によりある合意が成立したときに、これと矛盾する（あるいは否認することとなる）これ以前の（または同時に成立した）合意を排除する法理」と説明されます。本書11頁の完全合意条項もこの原則を踏まえたものです。

（注4）約因（Consideration）とは、契約当事者間に存在しなければならない取引上の損失をいうとされ、英米法において契約を構成する約束に拘束力を与える根拠とされています。契約が効力を有するためには約因が必要であり、当事者間の合意だけでは契約は成立しないとされているため、無価値の物品の売買においても、対価として1ドル支払う慣習があるとされていました。その後、ホームズ判事によって提唱されたバーゲン理論によると約束と約因が客観的に交換取引を構成していることとされ、その思想は、より明確な形でリステイトメントの中に取り入れられたとのことです（内田貴「契約の再生」17頁参照）。

（注5）コモンローは、契約違反に対して、原則として一定の損害賠償責任を課しているが、契約当事者は、これを前提に、債務を履行するなり履行せずに損害賠償を選択でき、それ以上に、債務を履行すべき道徳的義務は法の世界では問題にならないという思想。「契約を破る自由」はここから出てくるともいいます（内田貴「契約の再生」19頁参照）。

（注6）英米法では、契約違反に対する救済は履行利益の賠償であり、強制履行は原則として認めないとされています。売買を例にとると、売買と同種の物（代替物）が市場で入手できるなら市場で購入し、それによって損害が発生したなら売主は損害賠償請求すべきものとされ、強制履行は認められないのです。

（注7）「契約の死」とは、単にひとりバーゲン理論の破綻にとどまる現象ではなかった。それはバーゲン理論を中核とする古典的契約法理論あるいは古典的契約法原理の崩壊であり、ギルモアによれば、やがてそれは不法行為法原理への融合へと至る大きな流れであった（内田貴「契約の再生」29頁参照）

（注8）内田貴「契約の再生」42頁参照

（注9）内田氏によると、「契約の死」とは当事者の約束を超えた社会的な基準を契約関係（締結前までも含めて）に持ち込み、個々の事案に適合した権利・義務を生み出すと言うことができるとし、この分析がやがて内田氏の関係的契約論に発展していったようです（内田貴「契約の再生」42頁以下参照）。

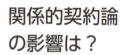
公表された要綱の内容は関係的契約論（内田貴元東大教授で法務省参与の学説）の影響がありますか。

関係的契約論の影響は？

一見小さくなったように見えますが、今後の実務において影響があると思われます。

A7

　確かに、当初の改正案は関係的契約論の影響が濃厚でしたが、関係的契約論では「合意を破壊する。」「行為規範とならない。」等との強い批判が続出し、そのせいもあってか、ほとんどが取り上げない論点となりました。ただし、「契約の趣旨に照らし」が「契約及び取引上の社会通念に照らし」となり、「取引上の社会通念」が明記されたところに関係的契約論との親和性を感じますが、Q9で解説したように法務当局は、「**当事者の合意や特約が、契約及び取引上の社会通念に照らして判断した結果、当該特約の義務内容とは異なる義務内容が認められるといったことは想定されていない。**」（部会資料79－3、8頁以下等）旨を至るところで強調していますので、関係的契約論の直接の影響は一見小さくなったように見えます。しかしながら、当事者の裸の合意を修正する視点として今後の実務においても強い影響力を持つことは間違いないでしょう。

　内田参与の関係的契約論によると、契約のモデルとしては、①約束（意思）を中核とし、全く独立対等の見ず知らずの個人間で、交渉の結果すべての条件を決定される単発的契約である「**古典的契約**」（約束的）契約と②社会関係そのものが契約の拘束力の根拠となって契約上の権利義務を発生させる「**関係的契約**」（非約束的契約）の2種類があるとし（注1）、その上で①の「単発的契約」などは現実にはあり得ないとする（注2）。そこでは、「契約とは当事者の合意であり、契約上の義務は当事者の意思にのみ基礎づけられる」という近代契約法の前提は怪しくなるとし、現実の契約関係は、当事者の合意だけが支配する世界ではないとします（注3）。

　そして、多くの下級審判例を見ると、一定の契約（又は契約類似の）関係があれば、意思を媒介とせずに発生する義務群があり、契約関係を、必ずしも当事者の意思に還元できないとした上で、債権法ないし契約法に、根本的変革（パラダイム転換）が迫られ

ているといいます。(注4)

【関係的契約論に基づく契約のイメージ】

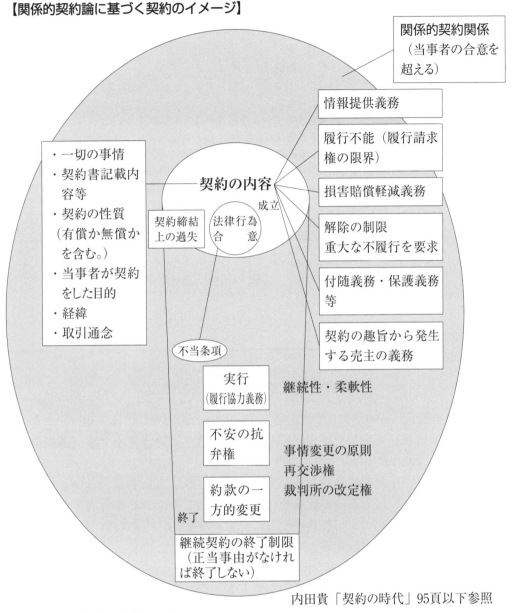

内田貴「契約の時代」95頁以下参照

注1　内田貴「契約の再生」58頁
注2　内田貴「契約の再生」60頁
注3　内田貴「契約の時代」321頁
注4　内田貴「民法Ⅲ債権総論・担保物権」14頁

(×は改正案では取り上げられない論点となったもの)
内田参与が提唱する基本的契約原理のうち、
「継続性原理」(注)と親和性のある制度として
　　①原始的不能の契約を有効とする規定
×　②事情変更の原則、再交渉の要請権
×　③解除の要件に「重大な不履行」を要求する規定
×　④債務不履行の治癒～重大な債務不履行による無催告解除を認める代わりに、解除されても、なお治癒を申し出て契約関係を維持する権利

(注)　内田参与は、継続的契約は「結婚」のようなものであるから、「離婚」が難しいのと同様、これを終了させるのは難しいという。したがって債務不履行という不正常な状態が生じても「離婚」と同様に簡単には解消させず、可能な限り継続させるべきであるとしている(契約の時代261頁)。

不動産賃貸借や労働契約は「関係的契約」の典型であり、仮に特別法による規制を撤廃しても同様の関係的契約原理（継続性・柔軟性）が浮かび上がるという。当初、解除に「重大な不履行」の要件を課したり、継続的契約の解消に「正当事由」を要請し、継続的契約の解消を制限する等の提案は、「継続的原理」の帰結として説明している（「契約の時代」247頁）。

「柔軟性原理」と親和性のある制度として
- ×　①誠実交渉義務～「契約交渉の不当破棄」の法理
- ×　②履行協力義務～相手方の債務の履行のために協力することが合理的に期待されているときは、相手方と協力し合わなければならない。
- ×　③損害賠償軽減義務～債務不履行をしている債務者が負担する賠償額を拡大しないように、損害をなるべく減らすよう協力する債権者の義務
- ×　④不当条項の取消権、裁判所による改訂

などがあるが、このほかにも（×）「付随義務・保護義務」、「情報提供義務」、（×）「不実表示を錯誤取消事由の一類型とする制度」、（×）「継続的契約は正当事由がなければ終了しないとする制度」、（×）「不安の抗弁権」等がある。

コラム 6

厳格責任と契約不適合責任の熾烈

　厳格責任（Strict liability）は、たとえ過失（negligence）や悪意（scienter）がなくても、その人の行為の結果、発生した損害に対して責任を負うという立場です（過失や悪意をまとめて有責性（culpability）と呼びます）。

　コモン・ローでは伝統的に、少なくとも過失がなければ責任を負わないという考え方が主流でした。しかし、ある種の危険を伴う行為に関しては、その行為者に最大限の注意を尽くすことを強制すべく、有責性がなくても、客観的にその行為が損害をもたらした場合には、その責任を取らせるような考え方が生まれました。

　例えば、製造物責任（Product liability）です。

　次の4条件が揃うと、たとえ有責性がなくても、売り手は買い手に対して製造物責任を負います。

(1) 販売時に製品に欠陥があった。
(2) 欠陥は使用者に対して非合理的に危険。
(3) 製品が使用者の手に渡るまでの間に、大きな改変がなされていない。
(4) その欠陥が損害を与えた。

　売り手にとっては厳しい条件ですが、現代の商品は極めて複雑で、売り手しかわからない事情が多いですから、これもやむを得ないかもしれません。

　ギルモアは、契約法の死から不法行為の領域で新たな法的関係（権利義務）を整理しようとしましたが、内田参与は、協働性、社会的関係から導き出された関係的契約論等の観点から合意を超えた契約関係で新たな法的関係（権利義務）を整理しようとしており、いずれも行為者に心理的主観的要件がない場合でも責任を認める厳格責任であることは共通しているといわれています。この点が熾烈と思える「契約の内容に適合しない場合の売主の責任」（契約不適合責任）のスキームにも影響を与えているように思われます。Q19を参照して下さい。

Q8 「契約及び取引上の社会通念」の構造を図示して下さい。

A8

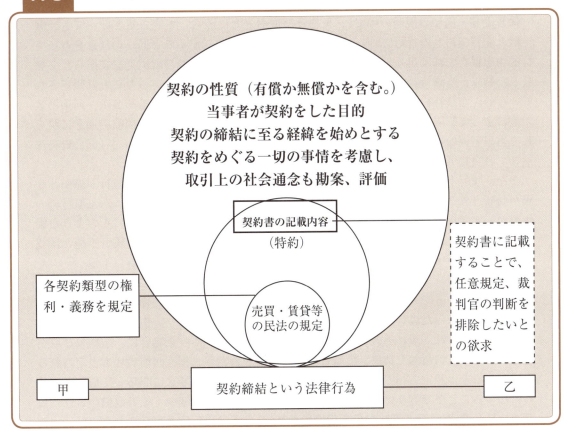

（注）上記の図の意味についてはコラム7を参照して下さい。

Q9 法務当局が合意を重視している解説箇所をまとめて下さい。

合意を重視している箇所はどこですか？そして、何故ですか？

法制審議会部会資料79です。合意を重視するのは英米法への接近でしょう。

A9

　保管義務に関する説明の中で、「契約及び取引通念に照らして定まるといっても、例えば、売買契約上の特約において、買主は自己の財産に対するのと同一の注意をもって目的物を保存すれば足りる旨が定められている場合に、契約及び取引通念に照らして判断した結果、当該特約の内容とは異なる保存義務が認められるといったことは想定されていない。当該特約が民法第90条、消費者契約法第10条、民法第１条第２項、同条第３項等によって制限されることはもちろん否定されないものの、契約及び取引通念に照らして当事者間の特約の内容を変容させるようなことは想定されていない。」（部会資料79－３、８頁以下）。

　また、履行不能に関する説明の中でも「契約及び取引通念に照らして履行不能かどうかが判断されるといっても、例えば、製作物供給契約上の特約において、ある原材料の価額が一定額以上に高騰した場合には履行不能と扱う旨が定められ、現にそのような価額の高騰が生じた場合に、契約及び取引通念に照らして判断した結果、履行不能とは認められないといったことは想定されていない。」（部会資料79－３、８頁以下）。

　更に債務不履行に関する説明の中で「契約及び取引通念に照らして帰責事由の有無が判断されるといっても、例えば、売買契約上の特約において、目的物に特定の瑕疵（契約不適合）があった場合には売主の帰責事由の有無を問わずに一定額の損害賠償責任を負う旨が定められ、現にそのような瑕疵（契約不適合）があった場合に、契約及び取引通念に照らして判断した結果、債務者の帰責事由が否定され損害賠償責任も否定されるといったことは想定されていない。」「契約及び取引上の社会通念に照らして債務者の責めに帰することができない事由によって生じた債務不履行に基づく損害賠償の責任は負わない旨の規律は、その意味で任意規定であり、その点は現行法と何ら変わらない。」（部会資料79－３、10頁以下）と強調しています。

この結果、従来から指摘しているように契約の特約・容認事項等の契約文言により契約の解釈のまぎれを防止しようとする姿勢が強まると考えられます。

コラム 7

今回の改正のキーワードである「契約及び取引上の社会通念に照らし」という用語は、国内と海外に向けられた両にらみの用語である。

「責めに帰すべき事由」が「契約及び取引上の社会通念に照らして責めに帰すべき事由」となり、「責めに帰すべき事由」の前に「契約及び取引上の社会通念に照らし」という枕言葉が入ったわけです。「契約及び取引上の社会通念に照らし」のもともとの用語案は、「契約の趣旨に照らし」という言葉でしたが、「契約の趣旨」では「社会通念」が入るか否かが明確でないということから、「契約及び取引上の社会通念に照らし」になった経緯がありました（部会資料79－3、7頁以下）。その際の法務省の解説では、「契約の趣旨」と「契約及び取引上の社会通念に照らし」とは同一のものであり、「契約の内容（契約書の記載内容等）以外の契約の性質（有償か無償かを含む。）、当事者が契約をした目的、契約の締結に至る経緯を始めとする契約をめぐる一切の事情を考慮し、取引通念をも勘案して、評価・認定されるものである。」とされています（部会資料79－3、7頁）。

以上の説明からすると、「契約」は、「契約の内容（契約書の記載内容等）以外の契約の性質（有償か無償かを含む。）、当事者が契約をした目的、契約の締結に至る経緯を始めとする契約をめぐる一切の事情」ということになりますので、「契約書」に書かれた文言そのものではないということになります。それでは、契約書に具体的に書かれた「合意」・「特約」との関係はどうなるでしょうか。それについては、実を言うと大きな議論があり、特に、当初、今回の「改正作業」を主導した内田貴東大元教授の関係的契約論（合意を超えた関係的契約があれば、意思を媒介とせず義務が発生するという説）も影響し、取引上の社会通念の方が「合意」・「特約」より優位するのではないかとの強い懸念を示す議論もありました。このような議論が影響し、法務当局にも多くの疑義が寄せられたためか、法務当局は部会資料79－3においてＱ9で紹介した解説を公表し、合意が優先する旨を明確にしました。民法の各規定は原則「任意規定」ですから、当然のことながら民法の各規定よりも「合意・特約」が優先することになり、また、合意は「取引上の社会通念」にも優先しますから、もし、海外の企業が日本企業と契約するに際し、日本の「民法典」にも「取引上の社会通念」にも拘束されたくないというのであれば、契約書において事細かに合意すれば良いことになります。その意味で、海外企業は、合意に基づき投資がしやすくなるわけで、トラブルが起きた際、裁判になっても日本の民法や取引上の通念により左右されないという担保ができることになります。したがって、今回の改正民法は海外取引の円滑化にも広く道を開いたことになります。また、日本国内に対しては、特に合意をしなければ従前と変わらないとの説明も可能であり、極めて巧妙に考え抜かれた案文と思います。いわば、国内と海外へ向けられた両にらみの規定なのです。

Q10 「契約及び取引上の社会通念に照らし」はどのような箇所で使用されていますか。

「契約及び取引上の社会通念に照らし」は、どのような箇所で使用されていますか？

以下の箇所で使用されています。

A10

1．債務不履行による損害賠償
　債務者がその債務の本旨に従った履行をしないとき又は債務の履行が不能であるときは、債権者は、これによって生じた損害の賠償を請求することができる。
　ただし、その債務の不履行が契約その他の債務の発生原因及び取引上の社会通念に照らして債務者の責めに帰することができない事由によるものであるときは、この限りではない。

2．履行請求権と履行不能
　債務の履行が契約その他の債務の発生原因及び取引上の社会通念に照らして不能であるときは、債権者は、その債務の履行を請求することができない。

3．契約の解除
　当事者の一方がその債務を履行しない場合において、相手方が相当の期間を定めてその履行の催告をし、その期間内に履行がないときは、相手方は、契約の解除をすることができる。ただし、その期間を経過した時における債務の不履行がその契約及び取引上の社会通念に照らして軽微であるときは、この限りでない。

4．保管義務
　債権の目的が特定物の引渡しであるときは、債務者は、その引渡しをするまで、契約その他の債権の発生原因及び社会通念に照らして定まる善良な管理者の注意をもって、その物を保存しなければならない。

５．特定物の現状による引渡し（民法第483条関係）

債権の目的が特定物の引渡しである場合において、契約その他の債権の発生原因及び取引上の社会通念に照らしてその引渡しをすべき時の品質を定めることができないときは、弁済をする者は、その引渡しをすべき時の現状でその物を引き渡さなければならない。

６．瑕疵担保責任→契約不適合責任

素案では、「契約の趣旨に適合しない場合の売主の責任」と規定していたが、要綱では、同様の意味で「契約の内容」という文言を用いることとするとしています。

コラム 8

不動産業の現場からの質問に答える⑴
「民法改正によって不動産取引の裁判は増えるのか」

質問 今回の改正により、不動産取引の裁判はどのくらい増えると思われますか？

回答 なかなか難しい質問ですが、民法改正により、当事者の合意が重視され（Ｑ９参照）、Q11で説明したように個々の契約において「特約・容認事項」が活用されるようになると、契約締結前に従前あいまいであったトラブルの芽を当事者が認識しあうことになります。その結果、そのトラブルの原因を巡って、それが噴出しないよう事前に協議し、合意してしまうわけですから、合意重視の民法改正はかえって裁判を減らす要因になるかもしれません。

Q11 当事者の合意が重視される場合、不動産の契約書はどのようなスタイルになるのですか。

A11

　民法改正後は、不動産取引の実務面でも更に契約文言、特約重視の傾向が強まると思われます。その意味で、既に大手の売買契約書が下記のように特約・容認事項を事細かに書き入れるスタイルをとり始めていますが、このようなスタイルが今後のスタンダードなものになると思います。

特　約　条　項

〈特約条項〉

1．本件売買代金の残金は、買主負担にて売主指定の金融口座に振り込み送金とし、買主の残代金にて売主の本契約条項第○条（負担の消除）記載の「抵当権の抹消」を行うことを買主は予め承諾する。

2．売主は、平成○○年○月○日までに確定測量図を作成し、買主に交付するものとするが、隣地所有者の協力が得られない等、売主の責めに帰さない事由により平成○○年○月○日までに買主に交付できない場合には本契約は当然白紙になるものとし、その場合は、売主は直ちに手付金を無利息で返還し、買主は売主に対し、違約金等一切の金銭的請求、法的請求をなし得ないものとする。

3．物件敷地内において、平成○年頃、死亡事件（殺人）が発生したが、事件当時の建物は、「お祓い」をして取り壊しをしているとのことである。以上の点は契約の内容に適合しない場合の売主の責任に該当するものではなく、買主は売主に対し、損害賠償その他法的請求をなし得ないものとする。

4．売主は、第○条のとおり、引渡しから1年間、契約の内容に適合しない場合の売主の責任を負うが、本物件は築20年を経過しており、屋根等の躯体・基本的構造部分や水道管、下水道管、ガス管、ポンプ等の諸設備については相当の自然損耗・経年変化が認められるところであって買主はそれを承認し、それを前提として本契約書所定の代金で本物件を購入するものである（それらの状況を種々考慮、協議して当初予定していた売買代金から金50万円を値引きしたものである）。買主は、それぞれの設備等が引渡し時に正常に稼働していることを現地で確認したが、引渡し後

に自然損耗、経年変化による劣化・腐蝕等を原因として仮に雨漏り、水漏れ、ポンプ等の設備の故障等があったとしても、それらは契約の内容に適合しない場合の売主の責任に該当するものではなく、買主の責任と費用で補修するものとし、売主に法的請求・費用負担等を求めないものとする。
5．買主は、下記の容認事項を確認・承諾の上、購入するものとし、下記事項について売主に対し、解除、損害賠償、修補、代金減額請求等の一切の法的請求をなし得ないものとする。

〈容認事項〉

1．本物件周辺は第三者所有地となっており、将来開発事業及び建物（中高層建築物等）の建築又は再築がされる場合があります。その際、周辺環境・景観・眺望及び日照条件等が変化することがあります。
2．「法令に基づく制限」については、重要事項説明時点における内容であり、将来、法令の改正等により本物件の利用等に関する制限が附加、又は緩和されることがあります。
3．本物件の電波受信状況によっては、良好な電波受信を確保する為にアンテナやブースターの設置、ケーブルテレビの引込み等が必要になる場合があります。それらの費用は買主の負担となります。
4．本件土地の地盤・地耐力調査を行っておらず、本物件上に新たに建物を建築する際、その建築会社等から地盤・地耐力調査を要請されることがあり、その結果によっては地盤補強工事等が必要になる場合があります。その場合には買主の負担となります。
5．本物件地域には自治会（町会）等があります。よって自治会（町会）費用や取り決め等がありますので、買主はそれを継承し、遵守するものとします。またゴミ出しも自治会（町会）等の指示に従って下さい。
6．本物件東側道路に○○市の街路灯があります。
7．本物件の北側隣接地（地番：○番○）の甲野太郎氏所有の建物の屋根の雨樋部分（幅約10cm、長さ5m）の塀の一部が越境してきております。なお、この越境物の撤去については別添の覚書が売主と甲野太郎氏間で交わされています。
8．○番○と△番△の境界上の現況の塀は隣地との共有物であり、修繕・やり替え等を行う際、その所有者と協議及び承諾が必要となります。
9．本物件北側隣接地は現在コインパーキングの為、利用に伴い振動、騒音、臭気等が発生する場合があります。

Q12 損害賠償請求の要件である「契約及び取引上の社会通念に照らし責めに帰すべき事由」の立証責任は債権者、債務者のどちらが立証するのですか。

責めに帰すべき事由の立証責任は？

債務者にあります。

A12

要綱では以下のように規定され、「責めに帰すべき事由」の立証責任は、債務者にあるということが明記されました。この結果、契約関係は更に英米法に近づくことになるでしょう。

> 要綱　債務不履行による損害賠償
> 債務不履行による損害賠償とその免責事由（民法第415条関係）
> 民法第415条の規律を次のように改めるものとする。
> 　債務者がその債務の本旨に従った履行をしないとき又は債務の履行が不能であるときは、債権者は、これによって生じた損害の賠償を請求することができる。ただし、その債務の不履行が契約その他の債務の発生原因及び取引上の社会通念に照らして債務者の責めに帰することができない事由によるものであるときは、この限りでない。

> 【参考・現民法第415条】
> 第415条（債務不履行による損害賠償）
> 　債務者がその債務の本旨に従った履行をしないときは、債権者は、これによって生じた損害の賠償を請求することができる。債務者の責めに帰すべき事由によって履行をすることができなくなったときも、同様とする。

したがって、実際には契約で約束した内容を履行できなかった場合に、債務者が契約責任を回避できる場面は限定されてくると思います。要するに契約書に書かれたことを守れなかった場合は、事実上契約責任を問われることになるということであり、契約違反に「責めに帰すべき事由」を要件としない英米法に近づくものであります。契約書・

契約書文言が重視される傾向は更に強まっていくと思います。

　また、要綱仮案（原案）の(その1)補充説明書（部会資料79－3、8頁以下）では、「契約及び取引通念に照らして帰責事由の有無が判断されるといっても、例えば、売買契約上の特約において、目的物に特定の瑕疵（契約不適合）があった場合には売主の帰責事由の有無を問わずに一定額の損害賠償責任を負う旨が定められ、現にそのような瑕疵（売買不適合）があった場合に、契約及び取引上の社会通念に照らして判断した結果、債務者の帰責事由が否定され損害賠償責任も否定されるといったことは想定されていない。『契約及び取引上の社会通念に照らして債務者の責めに帰することができない事由によって生じた債務不履行に基づく損害賠償の責任は負わない』旨の規律は、その意味で任意規定であり、その点は現行法と何ら変わらない。」とあり、特約によって「責めに帰すべき事由」の要件すら不要とし得ることが強調されています。

ポイント　●特約によって、「責めに帰すべき事由」を損害賠償請求の要件から排除できる。

コラム 9

不動産業の現場からの質問に答える(2)
「消費者保護の視点はどうなるか」

質問　消費者と事業者との市場（取引）における情報（知識）の格差については米国においても大きな論点になっていると思いますが、その点、改正民法ではどのように取り上げられているのでしょうか？

回答　改正民法の論議では、消費者契約法の理念を民法典の中に取り込む案があり、具体的に、次のような規律案も提案されていました（部会資料49、14頁以下）。

> 第4　消費者・事業者に関する規定
> 1　消費者に関する規定
> (1)　消費者と事業者との間で締結される契約（消費者契約）を始め、情報、交渉力等の格差がある当事者間で締結される契約に関しては、その格差の存在に留意してこの法律（民法）を解釈しなければならない旨の規定を設けるという考え方があり得るが、どのように考えるか。
> (2)　個別の検討項目において消費者契約に関する特則を設ける必要があるとされた場合には、その特則を民法に置くという考え方があり得るが、どのように考えるか。

　これに対しては、弱者の保護を目的とする社会政策立法は、基本法である民法に規定するのにふさわしくないとの指摘や、消費者概念、事業者概念が明確にされているとはいえないのではないか等の批判があり、結局取り上げない規律となりました。

　但し、企業向け融資の保証手続きについては、第三者が保証人になる場合、公証人が意思を確認するよう義務づける制度や、定型約款制度で消費者の利益を一方的に害する内容の約款は無効とする制度が導入されたことをもって、消費者保護が鮮明となった改正である旨のマスコミ報道が目立ちますが、特に前者については本当に消費者保護になるかについては今後の運用を見守りたいと思います。

Q13 要綱では、いわゆる履行不能はどのように明文化していますか。

履行不能はどのように明文化されますか？

明文化された文言は以下のとおりです。

A13

　中間試案第9、2では、履行不能を「**履行請求権の限界**」という用語で再整理しようとしていましたが、履行請求権の限界という用語は分かりにくいということで、要綱では次のように定めています。

履行の不能（履行請求権の限界事由）
　債務の履行が契約その他の債務の発生原因及び取引上の社会通念に照らして不能であるときは、債権者は、その債務の履行を請求することができない。

ポイント　●履行請求の限界→分かりにくい→債務の履行が契約その他の債務の発生原因及び取引上の社会通念に照らして不能
　　　　　●履行不能→原始的不能・後発的不能の双方を含む

Q14 原始的不能はどのように位置付けられたのですか。

A14

いわゆる原始的不能に関する要綱の記述は次のとおりです。

> 契約に基づく債務の履行がその契約の成立の時に不能であったことは、第11条の１及び２の規定によりその履行の不能によって生じた損害の賠償を請求することを妨げない。

現行民法では、契約成立時点ですでに建物が火災で焼失していた場合、契約は無効とされていますが、改正法では、当事者の合意を重視して有効となり、あとは、契約の解除及び損害賠償、修繕等の問題となります。改正民法の英米法化のシンボル的な制度改正です。従来、原始的不能の場合は契約締結上の過失として信頼利益の賠償で足りるとされていましたが、上記規定により他の契約違反の場合と同様、履行利益を賠償することになります。なお、契約の解釈として、履行不能であれば契約を無効とする合意をしていたと解されるときは、その合意の効力として契約が無効となる場合もあるといわれています。

ポイント ●原始的不能→有効→解除・追完・債務不履行による損害賠償で解決
（部会資料83－２、34頁以下）

部会資料80－１第10、２では、契約に基づく債務の履行がその契約の締結時に不能であったことが、その契約の効力の妨げとならない旨の規定を設けるという考え方が提示されていた。しかし、これに対しては、その契約の効力が妨げられないという消極的な規定ぶりによって、具体的にどのような法的効果が導かれるのかが明らかでないとの問題点の指摘がある。

そこで、ここでは、契約の効力が妨げられないことによって実現される最も代表的な

法的効果として債務不履行による損害賠償を取り上げ、契約に基づく債務の履行がその契約の成立の時に不能であったことは、その債務の履行が不能であることによって生じた損害の賠償を請求することを妨げないことを明記することとしている。

【法務当局追加コメント】解除については、「無催告解除」の要件として「債務の履行が不能であるとき」をあげており、現民法第410条と異なり、「契約締結前後を問わない」ことになっているので、そこから原始的不能についても解除が可能であることは読み取れるはずである。なお、原始的不能の場合、追完自体が不能ということもあり、それを原始的不能契約の効果として明記し得るのか問題があるため明記しなかったものである。

コラム10

玉虫色の決着～履行請求・原始的不能

英米法では、契約を破る自由があり、「契約を守る義務とは、コモン・ローでは、もし契約を守らないのなら賠償金を払わなければならないという予告を意味するにすぎず、それ以外の何ものでもない」（1897年ホームズ判事講演）とされており、契約の効力は極限まで縮減されていて、履行請求権を認めていないといわれています。

法制審委員の潮見教授は、「履行請求」について、「債務不履行が生じた局面において、債権者に対して与えられる救済手段の一つとして、損害賠償請求権や解除権と同次元に位置付ける考え方をとる。」（潮見佳男「プラクティス民法債権総論［第4版］」）とし、債権の概念については「債権とは債権関係において債務者から一定の利益（債権者利益）を獲得することが期待できる債権者の地位である。」として、従来の債権概念を変更する見解をもっており、どちらかというと履行請求を積極的位置づけをしないように見受けられました。そのような議論がある中、改正案の途中段階（部会資料5-1、2頁、部会資料82-1第10、1）では「債権の請求力」として、「債権者は、債務者に対し、その債務の履行を請求することができる。」と明記されました。このように明文化された意義は大きいと考えていましたが、最終的には、その記載は削除されました。この点について、法務当局は、「従前の案である部会資料82-1第10、1は、その本文において、債権者は債務者に対してその債務の履行を請求することができる旨を定めた上で、ただし書において、その債務の履行が不能であるときはこの限りでない旨を定めることとしていた。もっとも、債務の履行が不能であるときは債権者はその債務の履行を請求することができない旨を定めれば、債権者が債務者に対してその債務の履行を請求することができる旨の規律も表現されているとみることができる旨の指摘がある。そこで、今回の要綱仮案（案）では、従前の案のただし書に相当する規律のみを定めることとした。」と説明しています。

また、原始的不能についても、当初（部会資料80-1第10、2）は合意を重視する立場から端的に、「契約に基づく債務の履行がその契約の締結時に不能であったことが、その契約の効力の妨げとならない。」旨の規定が設けられることになっていました。しかし、これに対しては、その契約の効力が妨げられないという消極的な規定ぶりによって、具体的にどのような法的効果が導かれるのかが明らかでないとの問題点の指摘があったといい、最終的には、「契約の効力が妨げられないことによって実現される最も代表的な法的効果として債務不履行による損害賠償を取り上げ、契約に基づく債務の履行がその契約の成立の時に不能であったことは、その債務の履行が不能であることによって生じた損害の賠償を請求することを妨げないことを明記することとした。」（部会

資料83）とされました。
　以上のように債権に関する基本的概念について、どこまで英米法的になるのか大陸法的にとどまるのか、興味深い議論があったようです。いわば折衷案というか、玉虫色の決着ということでしょうか。

Q15 危険負担制度は廃止されるのですか。

A15

　危険負担制度とは、契約締結後、履行までの間に天災地変等当事者の責めに帰すべき事由のない原因によって債務が履行できなくなった場合の制度をいいます。

　中間試案段階では、解除の要件から「債務者の責めに帰すべき事由」が排除されたことから、当事者双方の帰責事由によらずに債務を履行することができなくなったときの「危険負担制度」は解除制度で処理し得ると説明されていました（部会資料34、43頁以下参照）。しかしながら、危険負担制度は、一般的制度で、解除制度に吸収すべきでないとの意見が強く、また、天災地変直後では相手方当事者が行方不明の場合もあり、いちいち解除しなければ契約が終了しないというのは現実的でないということから再議論がなされました。今般公表された要綱では履行拒絶事由の一つとして位置づけられ、次のような規定となっています（部会資料88-1、14頁以下）。いわば、**債務は当然消滅するものではないが、永久に履行拒絶できるということからすると自然債務的なものになるということです。**

1　危険負担に関する規定の削除（民法第534条・第535条関係）
　民法第534条及び同法第535条を削除するものとする。
2　債務者の危険負担等（民法第536条関係）
　民法第536条の規律を次のように改めるものとする。
　⑴　当事者双方の責めに帰することができない事由によって債務を履行することができなくなったときは、債権者は、反対給付の履行を拒むことができる。
　⑵　債権者の責めに帰すべき事由によって債務を履行することができなくなったときは、債権者は、反対給付の履行を拒むことができない。この場合において、債務者は、自己の債務を免れたことによって利益を得たときは、これを債権者に償

還しなければならない。

ポイント　●危険負担に関する民法第536条第1項の規定を改めて、当事者双方の帰責事由によらずに債務を履行することができなくなったときは、債権者は反対給付の履行を拒むことができる旨を定めるものである。自己の反対給付債務を確定的に消滅させたい債権者は、「契約の目的を達することができない」として契約の解除をすることになる。
「なお、現行民法は、不動産の売買のような特定物の引渡しに関しては買主が危険を負担するという債権者主義の規定（民法第534条）をおいているが、同規定は削除されるので、改正後は売主が危険を負担する。」

（契約条項改定案）

（引渡し前の滅失・毀損）
第〇条　本物件の引渡し前に、天災地変その他売主又は買主のいずれの責めにも帰すことのできない事由によって本物件が滅失したときは、買主は、**売買代金の支払いを拒絶し、あるいは、この契約を解除することができる。**
2　本物件の引渡し前に、前項の事由によって本物件が毀損したときは、売主は、本物件を修復して買主に引き渡すものとする。この場合、売主の誠実な修復行為によって引渡しが標記の期日を超えても、買主は、売主に対し、その引渡し延期について異議を述べることはできない。
3　売主は、前項の修復が著しく困難なとき、又は過大な費用を要するときは、この契約を解除することができるものとし、買主は、本物件の毀損により契約の目的が達せられないときは、この契約を解除することができる。
4　第1項又は前項によってこの契約が解除された場合、売主は、受領済の金員を無利息で遅滞なく買主に返還しなければならない。

コラム11

定型約款と標準不動産契約書

　最後まで、定義化や明文化の是非が議論された定型約款については定義化、明文化が謀られることになりました。まず、その定義については、「定型約款とは、定型取引（ある特定の者が不特定多数の者を相手方として行う取引であって、その内容の全部又は一部が画一的であることがその双方にとって合理的なものをいう。以下同じ。）において、契約の内容とすることを目的としてその特定の者により準備された条項の総体をいう。」とされ、併せて定型約款についてのみなし合意、新たなルールを組み入れる要件等が明記されました。問題は、この制度が、宅建協会等が作成している標準契約に適用されるかですが、不動産取引は、原則として定型取引に該当しないことから適用されないと考えてよいでしょう。

Q16 解除についてはどのような規定になるのですか。「責めに帰すべき事由」が解除権を制限する要件になるとはどういうことですか。

A16

　次のように催告解除、無催告解除の双方を認める規定になります。また、債務の不履行が債権者の責めに帰すべき事由によるものであるときは、債権者は、契約の解除をすることができないと規定されます。

> 1　催告解除の要件（民法第541条関係）
> 　民法第541条の規律を次のように改めるものとする。
> 　当事者の一方がその債務を履行しない場合において、相手方が相当の期間を定めてその履行の催告をし、その期間内に履行がないときは、相手方は、契約の解除をすることができる。ただし、その期間を経過した時における債務の不履行がその契約及び取引上の社会通念に照らして軽微であるときは、この限りでない。
> 2　無催告解除の要件①（民法第542条・第543条関係）
> 　民法第542条及び第543条の規律を次のように改めるものとする。
> 　次に掲げる場合には、債権者は、1の催告をすることなく、直ちに契約の解除をすることができる。
> 　(1)　債務の全部の履行が不能であるとき。
> 　(2)　債務者がその債務の全部の履行を拒絶する意思を明確に表示したとき。
> 　(3)　債務の一部の履行が不能である場合又は債務者がその債務の一部の履行を拒絶する意思を明確に表示した場合において、残存する部分のみでは契約をした目的を達することができないとき。
> 　(4)　契約の性質又は当事者の意思表示により、特定の日時又は一定の期間内に履行をしなければ契約をした目的を達することができない場合において、債務者が履行をしないでその時期を経過したとき。

(5)　(1)から(4)までに掲げる場合のほか、債務者がその債務の履行をせず、債権者が1の催告をしても契約をした目的を達するのに足りる履行がされる見込みがないことが明らかであるとき。

3　無催告解除の要件②（民法第542条・第543条関係）

無催告解除の要件について、次のような規律を設けるものとする。

　次に掲げる場合には、債権者は、1の催告をすることなく、直ちに契約の一部の解除をすることができる。

　(1)　債務の一部の履行が不能であるとき。
　(2)　債務者がその債務の一部の履行を拒絶する意思を明確に表示したとき。

4　債権者に帰責事由がある場合の解除

債権者に帰責事由がある場合の解除について、次のような規律を設けるものとする。

　債務の不履行が債権者の責めに帰すべき事由によるものであるときは、債権者は、1及び3までの規定による契約の解除をすることができない。

5　契約の解除の効果（民法第545条第2項関係）

民法第545条第2項の規律を次のように改めるものとする。

　(1)　民法第545条第1項本文の場合において、金銭を返還するときは、その受領の時から利息を付さなければならない。（民法第545条第2項と同文）
　(2)　民法第545条第1項本文の場合において、金銭以外の物を返還するときは、その受領の時以後に生じた果実をも返還しなければならない。

6　解除権者の故意等による解除権の消滅（民法第548条第1項関係）

民法第548条第1項の規律を次のように改めるものとする。

　解除権を有する者が故意若しくは過失によって契約の目的物を著しく損傷し、若しくは返還することができなくなったとき、又は加工若しくは改造によってこれを他の種類の物に変えたときは、解除権は、消滅する。ただし、解除権を有する者がその解除権を有することを知らなかったときは、この限りでない。

ポイント
●「債権者の責めに帰すべき事由」がある場合には解除権を行使できない。解除権行使を調整する要件として実務界からは歓迎されている。
●催告解除が可能だからといって無催告解除の要件があれば無催告解除は可能である。解除権者は選択的に行使できるということである。
●無催告解除を争う際、契約の目的は達成できたはずとの争い方はあるが、追完が可能であったはずとの主張があっても無催告解除は阻止し得ない。

催告解除	不履行が軽微では（催告解除○）	ない	不履行が軽微（催告解除×）
無催告解除	契約目的が達成できない（無催告解除○）	契約	目的が達成できる（無催告解除×）

　　　　　　　　　　　　　　　　　↑↑
　　　　　　　　　　　催告解除はできる（不履行が軽微ではない）が
　　　　　　　　　　　無催告解除はできない（契約目的は達成できる）

（契約条項改定案）

（契約違反による解除）

第〇条　売主又は買主がこの契約に定める債務を履行しないとき、その相手方は、自己の債務の履行を提供し、かつ、相当の期間を定めて催告し、その期間内に履行がないときは、その相手方は、本契約の解除をすることができる。ただし、その期間を経過した時における債務の不履行が本契約及び取引上の社会通念に照らして軽微

であるときは、解除の効力は認められないものとする。
2 次のいずれかに該当するときは、売主又は買主は、1の催告をすることなく、直ちに本契約の解除をすることができる。
 ⑴ 相手方の債務の全部の履行が不能であるとき。
 ⑵ 相手方がその債務の全部の履行を拒絶する意思を明確に表示したとき。
 ⑶ 債務の一部の履行が不能である場合又は相手方がその債務の一部の履行を拒絶する意思を明確に表示した場合において、残存する部分のみでは契約をした目的を達することができないとき。
 ⑷ 契約の性質又は当事者の意思表示により、特定の日時又は一定の期間内に履行をしなければ契約をした目的を達することができない場合において、相手方が履行をしないでその時期を経過したとき。
 ⑸ ⑴から⑷までに掲げる場合のほか、相手方がその債務の履行をせず、1の催告をしても契約をした目的を達するのに足りる履行がされる見込みがないことが明らかであるとき。
3 次に掲げる場合には、売主又は買主は、1の催告をすることなく、直ちに本契約の一部の解除をすることができる。
 ⑴ 債務の一部の履行が不能であるとき。
 ⑵ 相手方がその債務の一部の履行を拒絶する意思を明確に表示したとき。
4 債務の不履行が解除権を行使しようとする者の責めに帰すべき事由によるものであるときは、その者は、1及び3までの規定による本契約の解除をすることができない。
5 1項あるいは2項の本契約解除に伴う損害賠償は、標記の違約金によるものとする。ただし、相手方に本契約解除に責めに帰すべき事由がない場合は、相手方に違約金の支払い義務はない。
6 違約金の支払いは、次のとおり、遅滞なくこれを行う。
 ① 売主の債務不履行により買主が解除したときは、売主は、受領済の金員に違約金を付加して買主に支払う。
 ② 買主の債務不履行により売主が解除したときは、売主は、受領済の金員から違約金を控除した残額をすみやかに無利息で買主に返還する。この場合において、違約金の額が支払済の金員を上回るときは、買主は、売主にその差額を支払うものとする。
7 買主が本物件の所有権移転登記を受け、又は本物件の引渡しを受けているときは、前項の支払いを受けるのと引換えに、その登記の抹消登記手続き、又は本物件の返還をしなければならない。

Q17 瑕疵担保責任はどうなりますか。

瑕疵担保責任はどうなりますか？

契約の内容に適合しない場合の売主の責任となります。

A17

　瑕疵担保責任は、現行の「隠れたる瑕疵」を改め、すべて「契約の内容に適合しない場合」という言葉に置き換えられます。つまり、売主が買主に引き渡すべき契約の目的物が、性状及び品質に関して契約の内容に適合しないものであるときは、一種の債務不履行、契約違反として法的責任を認めるということになります（部会資料75A、7頁）。その結果、買主には、現行の損害賠償請求や契約目的が達成できない場合の無催告解除に加え、売主が相当の催告期間内の追完に応じない場合の催告解除、代替物又は補修を請求する「追完請求権」、更には、売主に責めに帰すべき事由がない場合（契約違反としての損害賠償請求はできない。）に備えて「代金減額請求」が取り入れられます。

【瑕疵担保責任と契約不適合責任の構造比較】

瑕疵担保責任

売買契約の当事者間において目的物がどのような品質・性能を有することが予定されていたかについては
① 契約時の社会通念に照らし通常有すべき性状・性能を有しない（第1判断）

② 当事者の合意、予定した内容に適合しない（第2判断）

契約不適合責任

① 契約（合意）の内容に適合しない（第1判断）

② 合意があいまいなときに社会通念に照らし通常有すべき性状・性能を斟酌する？（第2判断）

（平成22年6月1日の最高裁判例の構造）

（注）部会資料75Ａ、10頁は、瑕疵の判断基準について次のように説明しているが、上記の【瑕疵担保責任と契約不適合責任の構造比較】をみるとわかるように、「契約時の社会通念に照らし通常有すべき性状・性能を有しない」と「当事者の合意」の位置が、原則と例外、逆転していることがわかる。

［部会資料75Ａ10頁の説明］
「瑕疵」の判断基準の明確化等

　民法第570条では「瑕疵」という文言が用いられている。この文言からは、客観的な瑕疵のみを意味するようにも読めるが、裁判実務においては、いわゆる主観的な瑕疵も「瑕疵」に含める解釈がされている。そこで、これまでの「瑕疵」についての解釈の蓄積等を踏まえ、その意味内容を可能な限り条文上明らかにする方途を講じることが望ましい。

　民法第570条にいう「瑕疵」の有無の判断は、より具体的には、目的物が本来備えるべき性状を確定した上で、その「備えるべき性状」との対比において、実際の目的物が当該「備えるべき性状」を有しているかどうかの評価であると考えられる。したがって、瑕疵の意義を条文上明記するのに際しては、「備えるべき性状」を確定する際に何を基準に求めるかを整理した上で、それを条文においてどのように表現するかを検討する必要がある。

　この「備えるべき性状」をどのように画するかにつき、学説上、いわゆる主観的瑕疵概念と客観的瑕疵概念との対立が言われることがある。すなわち、主観的瑕疵概念は、契約において予定されていた性状を欠いていることをもって瑕疵を有すると考えるのに対し、客観的瑕疵概念は、目的物が通常有すべき性状を欠いているか否かという基準により瑕疵の有無を判断するとされる。もっとも、両者を対立的に捉える必要はないように思われる。すなわち、主観的瑕疵概念を採る立場においても、あるべき性状の確定につき、明示ないし黙示の合意内容を探求することのみに終始することなく、契約をめぐる諸事情から認められる契約の趣旨に照らして（そこでは、取引通念も考慮要素に含まれ得る。）、目的物が有しているべき性状を確定するのであって、そこでは客観的・規範的考慮が排除されているわけではない。また、客観的瑕疵概念に依拠するとしても、「通常有すべき性状」を画定する際に、契約をした目的等を一切捨象しているわけではないし、目的物の性状につき当事者間に合意がある場合にはそれが優先的に考慮されると考えられる。そうすると、瑕疵の存否は、結局、契約の趣旨を踏まえて目的物が有するべき性状を確定した上で、引き渡された目的物が当該あるべき性状に適合しているか否かについての客観的・規範的判断に帰着すると考えられ、裁判実務においても、民法第570条の「瑕疵」に該当するか否かは、基本的にこのような手法で判断されている（最判平成22年6月1日民集64巻4号953頁、最判平成25年3月22日判タ1389号91頁）。以上に基づき、「瑕疵」概念を明文化する必要がある（中間試案第35、3（2）参照）。

改正の内容

　素案(2)は、売買の目的が有体物である場合には、売主が買主に目的物を引き渡す義務を負うことを定めるとともに、その引き渡すべき目的物は、それが不特定物であるか特定物であるかを問わず、性状及び数量に関して、当該売買契約の趣旨に適合したものでなければならないものとするものである。

　これは、民法第565条（数量不足及び一部滅失）及び第570条（隠れた瑕疵）の適用場面をカバーするものである。数量不足及び一部滅失をここに含めているのは、これらは講学上いわゆる権利の瑕疵と分類されているが、むしろ物理的な欠陥と質的な連続性があると考えられ、そうすると、履行の追完を請求する権利や代金減額請求権を含む買主の救済手段のあり方についても物理的な欠陥の場合と共通の処理をすべきであると考えられるからである。

Q18 従来の瑕疵担保責任と「契約の内容に適合しない場合の売主の責任」の相違点等について整理して下さい。

では具体的な相違点は？

特約や権利行使の期間などいくつかに分けて比較してみましょう。

A18

【両制度の比較表】

	瑕疵担保責任	契約の内容に適合しない場合の売主の責任
法的性質	法定責任（無過失責任）	契約責任
要件	「隠れたる瑕疵」 瑕疵とは、契約時において契約の趣旨に適合する通常有すべき性状・性能を有しないこと。「隠れたる」とは契約締結当時、買主が瑕疵の存在について知らず知らないことに過失がないこと。	目的物の種類・品質及び数量が契約の内容に適合しない場合
効果	○損害賠償（信頼利益）→責めに帰すべき事由は不要 　ただし、売主が隠れたる瑕疵について悪意・重過失の場合は契約違反になる→**履行利益** ○買主が契約の目的を達することができない場合は解除可（売主に責めに帰すべき事由不要）	○損害賠償（他の契約違反と同様履行利益）→ただし、売主に責めに帰すべき事由がない時は、損害賠償義務を免れる（責めに帰すべき事由のないことの立証責任は売主にある）→この場合、買主は代金減額請求ができる。 　なお、売買契約上の特約において、目的物に特定の瑕疵（契約不適合）があった場合には売主の帰責事由の有無を問わずに一定額の損害賠償責任を負う旨が特約された場合で、現にそのような瑕疵（売買不適合）があった場合、その特約は有効であり、契約及び取引通念に照らして

		判断した結果、債務者の帰責事由が否定され損害賠償責任も否定されるといったことは想定されていないという（部会資料79－3、10頁）。 ○買主が契約の目的を達することができない場合は解除可（売主に責めに帰すべき事由不要）。相当の催告期間内に追完に応じない場合は催告解除もある。 ○追完請求（修補・代替物引渡請求権）→（売主に責めに帰すべき事由不要。ただし、その不適合が買主の責めに帰すべき事由によるものであるときは、追完義務はない。） ○代金減額請求→（売主に責めに帰すべき事由不要）。買主が相当の期間を定めて履行の追完を催告し、その期間内に履行の追完がないとき。履行の追完が不能な場合には催告することなく直ちに減額請求は可能。）
特約の効力	○瑕疵担保責任を負わない旨の特約→有効（ただし、売主が悪意の場合は効力を有しない。現民法572条）	○契約の内容に適合しない場合でも売主は責任を負わない→有効（法務省担当者の見解）→契約の内容に適合しないことを知っていた場合は効力を有しない。 ○雨漏りがあっても責任を負わない。→売主が雨漏りがあることを知っていても、契約の内容が雨漏りを前提としていれば有効（そもそも契約不適合責任はない）。 ○買主が雨漏りを知っていても、雨漏りがないことを契約の内容としていれば、買主は契約解除等の請求権を有する。
権利行使の期間	買主が瑕疵を知ったときから1年以内に権利行使が必要（引渡時から10年の時効にかかる）	① 権利行使できるとき（引渡し）から10年の時効にかかる。 ② ①の期間内に買主が不適合の事実（数量不足を除く）を知った場合、知った時から1年以内に売主に通知し、かつ、知った時から5年以内に権利行使しなければ時効にかかり、買主は、その不適合を理由とする履行の追完の請求、代金減額の請求、損害賠償の請求又は契約の解除をすることができない。 ③ 売主が引渡しの時に目的物が契約の内容に適合しないものであることを知っていたとき又は重大な過失によって知らなかったときは、買主の知って1年以内の通知義務は免除される。この場合には、他の契約違反の時効と同様、買主が権利を行使できることを知った時から5年又は権利行使できるとき（引渡し）から10年の時効にかかる。

ポイント ●期間制限から、「数量不足」が除外されていることに注目すべきである。数量不足の場合は、通常の時効で処理される。

要綱は、時効について次のように規律している。

債権は、次に掲げる場合には、時効によって消滅する。

(1) 債権者が権利を行使することができることを知った時から5年間行使しないとき。
(2) 権利を行使することができる時から10年間行使しないとき。
（注）この改正に伴い、商法第522条を削除するものとする。

コラム 12

不動産業の現場からの質問に答える(3)
「契約の内容に適合しない場合の売主の責任」

質問 土地や建物の評価自体が低く、100万円を切るような物件や建物価格が1円等という物件もあります。こういったものでも瑕疵があった場合、減額や保証をしなければならないのでしょうか。

回答 改正後の契約不適合責任の損害賠償義務は、契約責任、すなわち契約違反を前提としますから（部会資料75A、7頁以下）、契約不適合に売主の責めに帰すべき事由がある場合には、契約違反と相当因果関係にある履行利益が問題とされますので、事例によっては高額な損害賠償が認定される可能性があります。

次に売主に「責めに帰すべき事由がない場合」に問題となる代金減額は、実際の代金と不適合があった場合の代金の差額が対象になりますので、代金額を上限としますが、代金減額はあり得ます。また、中古建物付土地売買契約の場合、土地と建物の価格は恣意的に振り分けが可能との前提で、現実の建物価格を認定し、実際の価格からの減額を請求するとの争いもあるかも知れません。それを裁判所が認めた場合には、契約書に記載された価格ではない実体価格からの減額ということになるでしょう。現時点でも建物価格をほとんど考慮せずに売買した事例でも瑕疵担保責任を認めた次のような事例があります。

《要旨》
建物価額を加味しないで売買価額が定められ、建物の瑕疵担保責任の免責特約がある場合でも、同物件で縊首自殺のあったときは、売主は瑕疵担保責任を負うとされた事例（浦和地川越支部判決平成9年8月19日、判タ960号189頁）

(1) **事案の概要**…買主Xは、平成6年12月、売主Y1から土地を、Y2（Y1の母）から建物を、総額7,100万円で買い受け、代金を完済して、平成7年4月に引渡しを受けた。

しかし、引渡しを受けてから5日後、本件建物でA（Y1の父、Y2の夫）が平成6年7月に首吊り自殺をしていたことが判明した。

Xは、平成8年1月、Bに対し、本件建物を撤去して、本件土地を6,300万円で売却した。

Xは、Yら（Y1及びY2）に対し、不動産に隠れた瑕疵があったとして、売買契約を解除して損害賠償を請求し、Yらは、あえて本件不動産を土地だけの価額相当額で売却し、特約として「売主は、本件建物の老朽化等のため、本件建物の隠れた瑕疵につき一切の担保責任を負わないとする」を付したものであると主張した。

(2) **判決の要旨**…①本件売買契約締結にあたっては、土地建物は一体として目的物件とされ、その代金額も全体として取り決められ、本件建物で自殺のあったことは交渉過程で隠されたまま契約が成立したのであって、同事実が明らかになれば、価格の低下が予想され、かつ、本件建物が居住用で最近の出来事であったことからすると、民法第570条にいう隠れた瑕疵に該当し、かつ、このような瑕疵は特約の予想しないものとして、Yらの責任を免れさせるものではない。②Yは、Xに対し、本件売買契約における同不動産の代金額と瑕疵の存在を前提とした適正価格との差額893万円余を損害賠償として支払え。

Q19 現行法の瑕疵担保責任と改正後の「契約の内容に適合しない場合の売主の責任」の違いについて具体的事例をふまえて説明して下さい。

事例をもとに説明して下さい。

土地売買をもとに現民法と改正民法を並記しながら説明します。

A19

【検討事例】
　売主Aは先般、所有地（更地）を分譲のための土地を探していた宅建業者Bに売却しました。その後、宅建業者Bが分譲区画のための工事を始めたところ、大量の廃棄物が発見され、撤去しなければ分譲地として販売できないとの連絡が入りました。売主Aもこの土地を5年前に投資用で購入したのですが、廃棄物の存在は全く知りませんでした。おそらく、以前、所有していた者の誰かが廃棄したものだったようです。売主Aは買主である宅建業者Bから、直ちに売却できなかったとして損害賠償請求を要求されたり、廃棄物の撤去費用を請求されていますが、それに応じなければならないでしょうか。

【現民法の瑕疵担保責任】
　現民法第570条の瑕疵担保責任について通説は法定責任（無過失責任）として考えています。そして、「瑕疵」の意義について、学説判例等の状況は、次のとおりです。
　学説上、民法第570条にいう瑕疵とは、目的物に何らかの欠陥があることをいい、「何が欠陥かは、当該目的物が通常備えるべき品質・性能が基準になるほか、契約の趣旨によっても決まる。つまり、契約当事者がどのような品質・性能を予定しているかが重要な基準を提供することになる。」「このように当事者の合意を重視する考え方を主観説といい、当該目的物の客観的な品質・性能基準で判断する客観説と対比されるが、主観説が妥当である。」（内田貴「民法Ⅱ債権各論〔第2版〕」132頁）とし、具体的な契約を離れて抽象的に瑕疵をとらえるものではないとするのが、通説的見解です。すなわち、瑕疵の意義については、①その種類のものとして通常有すべき品質・性能を欠いていることとする客観的瑕疵概念と、②当該売買契約において予定された品質・性能を欠いていることとする主観的瑕疵概念がありますが、主観的瑕疵概念のようにとらえるのが通説

の見解ですし、最高裁判決（平22．6．1）もその旨を明らかにしました（なお、この問題は、瑕疵担保責任につき、法定責任説に立つか、契約責任説に立つかの結論から帰結されるものではないといわれています）。

　いずれにしても分譲地用に土地を売却し、特に瑕疵担保責任について特約を設けていなかったとすれば、売主Aは分譲地にふさわしくない土地を売却したことになり、瑕疵担保責任を負うことになるでしょう。この場合、売主Aは責めに帰すべき事由がなくても買主Bに対し、信頼利益を賠償しなければならないとされています。

　信頼利益が何を意味するか、過去の判例を見ても必ずしも明確ではありませんが、少なくとも廃棄物の撤去費用の請求には応じる必要があるでしょう。ただし、売主が廃棄物の存在を知っていた場合（悪意の場合）は、契約違反となり、直ちに売却できなかった損害等を含めた履行利益を賠償しなければなりません。権利行使の期間については、まず、引渡しの時から10年の時効に係るというのが最高裁判例（最判平13年11月27日）です。なお、買主が瑕疵を知ったときから１年以内に権利行使が必要です。

【改正後の民法】
　改正後の民法では瑕疵担保責任という用語は廃止され、「契約の内容に適合しない場合の売主の責任」（以下「契約不適合責任」といいます）になります。**その法的性質は契約責任と説明されています**（部会資料75A、7頁）。そして、契約不適合に伴う損害賠償義務が発生するためには、売主Aに「契約の内容に照らして責めに帰すべき事由」があることが必要です。しかし、部会資料75A、17頁では、「損害賠償の免責の可否について、売主の債務のような結果債務については、債務不履行の一般原則によっても、帰責事由の欠如により損害賠償責任につき免責されるのは実際上不可抗力の場合などに限られるとの見方もある。」とされており、また、「契約の内容に照らして責めに帰すべき事由」がないことの立証責任は売主側にあることは明記されますので、**売主の損害賠償責任（履行利益）が認められる可能性は高いと思います**。その場合には、直ちに売却できなかったことの損害や廃棄物の撤去費用の賠償義務が認められるでしょう。

　仮に、売主において「契約の内容に照らして責めに帰すべき事由」がないことの立証に成功した場合には、売主に損害賠償義務は認められませんが、買主は相当の期間を定めて履行の追完（修補・廃棄物の撤去）の催告をし、売主が、その期間内に履行の追完をしないときは、買主は、意思表示により、その不適合の割合に応じて代金の減額を請求することができます。**この代金減額請求権は形成権とされています**（注１、２）。この場合、売主は買主に対し、通常の価格と廃棄物が埋蔵されている土地価格との差額を支払う必要があります。なお、要綱仮案では、代金減額請求権の行使は、契約解除や損害賠償の請求を妨げないとされていましたが（第30、5）、予備的に行使できるということであるので、要綱では、「の行使」の部分が削除され、「売主の追完義務及び代金減額請求権の規定は損害賠償の請求並びに解除権の行使を妨げない。」という趣旨に改訂されました。したがって、代金減額請求の形成権行使の結果、契約の履行の、例えば80％を前提として、20％の代金の返還を求める代金減額請求と、100％の契約の履行を前提とするが、契約違反による履行利益としての損害賠償請求や解除とは両立するものでないことは注意を要します。

【契約不適合の場合の損害賠償責任と代金減額請求】

損害賠償請求 （履行利益）	「売主に責めに帰すべき事由」は必要であるが、責めに帰すべき事由のなかったことの立証責任は売主にある。
代金減額請求 （形成権）	「売主に責めに帰すべき事由」がない場合に買主に認められる形成権。契約内容に適合しない結果生じる損害賠償請求（履行利益）、解除とは両立しない。

権利行使の期間は、まず、①権利行使できるとき（引渡し）から10年の時効にかかります。②ただし、買主がその不適合の事実（数量不足を除く）を知った時から１年以内に当該事実を売主に通知しないときは、買主は、その不適合を理由とする履行の追完の請求、代金減額の請求、損害賠償の請求又は契約の解除をすることができません。この規律も消滅時効の一般原則を排除するものでないので、制限期間内の通知によって保存された買主の権利の存続期間は、不適合を知ったときから５年の時効にかかります。ただし、売主が引渡しの時に目的物が契約の内容に適合しないものであることを知っていたとき又は重大な過失によって知らなかったときは、１年以内に通知しなければならないという通知義務は免除されます。この場合には、他の契約違反の時効と同様、買主が権利を行使できることを知った時から５年又は権利行使できるとき（引渡し）から10年の時効にかかることになります。

（注１）催告なく直ちに代金減額ができる場合
　　　次に掲げる場合には、買主は、催告をすることなく、直ちに代金の減額を請求することができる。
　　ア　履行の追完が不能であるとき。
　　イ　売主が履行の追完を拒絶する意思を明確に表示したとき。
　　ウ　契約の性質又は当事者の意思表示により、特定の日時又は一定の期間内に履行をしなければ契約をした目的を達することができない場合において、売主が履行をしないでその時期を経過したとき。
　　エ　アからウまでに掲げる場合のほか、買主が(1)の催告をしても履行の追完を受ける見込みがないことが明らかであるとき。
（注２）引き渡された目的物が種類、品質又は数量に関して契約の内容に適合しないものである場合において、その不適合が買主の責めに帰すべき事由によるものであるときは、買主は、代金の減額を請求することができない。

　なお、履行の追完について改正民法は、「売主は、買主に不相当な負担を課するものでないときは、買主が請求した方法と異なる方法による履行の追完をすることができる。」としています。

コラム13

不動産業の現場からの質問に答える(4)
「契約不適合責任と代金減額請求の関係」

質問　損害賠償請求に関し、売主の責めに帰すべからざる事由を証明した場合、代金減額請求をするという話がありましたが、どちらにしても瑕疵（契約不適合）が発見された時は、売主は責任を負わなければならないということなのでしょうか？
回答　Q19で説明したとおり、上記記載どおりの結果になります。

質問　売主業者で買主一般の場合、宅建業法の現状では引き渡しから２年間瑕疵担保責任を負うという内容より買主に不利な特約は無効となっていますが、これはどうなる予定でしょうか。
回答　今回の宅建業法の改正は、整備法の範囲内の改正ですから、「瑕疵担保責任」を「契約の内容に適合しない場合の売主の責任」に代えるだけの改正となると思います。

Q20 「契約の内容に適合しなくても売主は責任を負わない」という特約は有効ですか。

「契約不適合でも売主は責任を負わない」という特約は有効なの？

民法上は有効ですが、「消契法」「宅建業法」適用上、無効となります。

A20

　「契約の内容に適合しなくても売主は責任を負わない」という特約は契約違反があっても責任を負わないということであり、自己矛盾ではないか、あるいはモラルハザードに陥るのではないかとの問題提起をしてきましたが、法務当局は原則としては有効であると考えているようです。現在でも、契約違反があっても損害賠償責任を負わないという特約があり、有効とされているということを根拠とするようです。ただし、売主が事業者で買主が消費者である消費者契約法が適用される売買契約の場合、売主が宅建業者で買主が宅建業者以外の宅建業法が適用される売買契約の場合は、消費者契約法第8条、宅建業法第40条の規定により無効となるでしょう。

　ポイント　●「契約の内容に適合しなくても売主は責任を負わない」という特約は有効であるが、消費者契約法、宅建業法が適用される売買契約では、その特約は無効となる。

　ちなみに民法改正により宅建業法第40条は、整備法によると以下のようになるようです。すなわち、

> **第40条**（契約の内容に適合しない場合の売主の責任（以下、「契約不適合責任」という）についての特約の制限）
> 　宅地建物取引業者は、自ら売主となる宅地又は建物の売買契約において、その目的物が種類又は品質に関して契約の内容に適合しない場合におけるその不適合に関し、民法（明治29年法律第89号）第570条において準用する同法第566条第3項に規定する期間についてその目的物の引渡しの日から2年以上となる特約をする場合を除き、同条に規定するものより買主に不利となる特約をしてはならない。
> 2　前項の規定に反する特約は、無効とする。

改正後、宅建業者は例えば、「契約不適合責任を全く負わない。」「契約不適合責任を引渡し後1年しか負わない。」というのは無効になりますが、フッ素の汚染の存在が明らかな土地の売買契約において「宅建業者たる売主と買主（非宅建業者）は、本件土地のフッ素の土壌汚染の存在について契約不適合責任を負わない。」という特約をしても良いことになると思います。今後、個々のケースの実務上の積み上げの中で特約が有効となるケース、無効となるケースはでてくるし、多くの議論もなされると思いますが、このような合意は、契約不適合責任を導入する以上は許されると考えます。ただし、その特約内容に応じた然るべき代金減額をしていない場合などは、宅建業法第40条の趣旨を没却することを理由とし、又は、公序良俗あるいは消費者契約法第10条に反して無効になる可能性はあると思います。

　なお、住宅品質確保促進法（品確法）の場合には、瑕疵という概念が定着し、保険の名称等にも使用されていることから、整備法によると「瑕疵」という用語を残置し、「瑕疵」とは、「種類又は品質に関して契約の内容に適合しない状態をいう。」との定義をおいたようです。

コラム 14

不動産業の現場からの質問に答える(5)
「契約不適合責任の特約と宅建業法・消費者契約法」

質問　契約不適合の調査を売主業者はどのようにすればよいですか（売主が業者としての責任を負うことになる場合、どうすればいいのでしょうか）。

回答　最低限、付帯設備一覧表を利用し、一つ一つ正常に稼働するか、異常なところはないかを確認し、異常等があれば書き入れておくことが大事です。レンタカーを借りるとき傷を書き入れた自動車図面と現物のレンタカーを見比べて確認するのと同様の作法が有用と思います。できれば土壌汚染調査やホームインスペクション等の専門家の調査をなすべきと思います。

質問　契約不適合責任の特約は、消費者契約法や宅建業法に優先するということでよいでしょうか。

回答　いいえ、契約不適合責任の特約より、消費者契約法や宅建業法の規定が優先しますから、特約が無効になることがあります（Q20参照）。

質問　「契約の内容に適合しなくても売主は責任を負わない」という特約は、実務では買主の信頼を失う文句と思います。何か適した言葉（説明）はありますか？

回答　「瑕疵担保責任を負わない。」という現在の特約に匹敵する言葉としてはどうしても「契約の内容に適合しなくても売主は責任を負わない」という特約表現になると思います。もしこの表現を避けるとすれば、「土壌汚染があっても責任を負わない。」「雨漏りがあっても責任を負わない。」あるいは、「土壌汚染、雨漏りはあるが責任を負わない。」というように個別列挙していくことになると思います。

Q21 「契約の内容に適合しなくても売主は責任を負わない」という特約をしていたのに、売主が雨漏りの事実を知っていた場合、売主は雨漏りについて責任を負いますか。

「契約不適合があっても売主は責任を負わない」との特約をしたが、雨漏りを知っていたら？

売主は雨漏りの責任を負います。

A21

　現民法の第572条に対応する規定は改正後も残るので、雨漏りがあり居住用建物として契約の内容に適合しないことを知りながら「契約の内容に適合しなくても売主は責任を負わない」という特約をしても、雨漏りについては契約不適合責任を負うことになるでしょう。そのようなトラブルを避けるためには、「本件建物には雨漏りがあるが、買主はそれを認識、容認して本件建物を購入するものであり、雨漏りについては、買主は売主に対し、契約不適合責任、その他の法的請求をしないものとする。」との特約を明記しておくべきでしょう。

　ポイント　●「契約の内容に適合しなくても売主は責任を負わない」という特約をしていたのに、売主が雨漏りの事実を知っていた場合、売主は雨漏りについて責任を負うことになる。

【参考条文】
現民法第572条（担保責任を負わない旨の特約）
　売主は、第560条から前条までの規定による担保の責任を負わない旨の特約をしたときであっても、知りながら告げなかった事実及び自ら第三者のために設定し又は第三者に譲り渡した権利については、その責任を免れることができない。

新民法第572条（部会資料84-3、21頁）
　売主は、第562条第1項又は第565条に規定する場合における担保の責任を負わない旨の特約をしたときであっても、知りながら告げなかった事実及び自ら第三者のために設定し又は第三者に譲り渡した権利については、その責任を免れることができない。
　（注）「第562条第1項…で規定する場合」とは「引き渡された目的物が種類、品質又は数量に関し

て契約の内容に適合しないものであるとき」(新第562条第1項)を意味し、「第565条に規定する場合」とは「売主が買主に移転した権利が契約の内容に適合しないものである場合(権利の一部が他人に属する場合においてその権利の一部を移転しないときを含む。)」(新第565条)を意味しており、売主の担保責任が生ずる場面に即してこれを網羅的に表現することとしている。

コラム 15

不動産業の現場からの質問に答える(6)
「契約不適合に関する仲介業者の調査」

質問 契約不適合に関する仲介業者の調査はどうしたらよいですか。

回答 仲介業者の責任が従来と基本的に変わるところはないと思います。したがって、仲介業者は不動産取引の専門家であっても、地質、地盤、アスベストの有無、耐震性といったそれぞれの分野の専門家ではないので、これらは他の専門分野における特別の知識、経験、鑑定能力まで要求されるものではありません。この場合の注意義務の程度ですが、「宅建業者は、取引当事者の同一性、代理権の有無、取引対象物件についての権利関係及び各種法令による制限の有無、種類といった法律上の問題についての重要事項を専門的立場から調査するについては高度の注意義務が要求され、取引主任者をして買主に対して説明・告知させ、説明書を交付する義務を負っているが、目的物件の物的状況に隠れたる瑕疵があるか否かの調査についてまでは、高度な注意義務を負うものではない。」というのが判例です（千葉地松戸支部判平6.8.25判時1543.149、大阪地判昭43.6.3判タ226.172。なお天井裏の蝙蝠（コウモリ）の生息につき調査義務を否定したものとして神戸地判平11.7.30判時1715.64参照）。

そこで上記判例に基づいて「契約不適合に関する」具体的な調査義務の内容ですが、例えば土壌汚染については仲介業者としては特段の費用を要しない地歴調査（例えばかつてマンションが建っていたか、工場があったか等）までは要求されると言われていますが、それ以上の専門業者のボーリング調査等の専門的調査は売買契約の当事者の問題とされています。なぜなら万一、仲介業者がこれらの専門家による専門調査を行わなければならないとすると、掘削等の調査費用は仲介業者が負担することになりますが、これは仲介業者の報酬最高限度が法定されている（宅建業法第46条）ことから過大な要求を強いられることになり妥当ではないからです。

なお、仲介業者が売主に雨漏りがあるか否かを尋ねたところ、無いとの回答であったので、それ以上調査はせず、買主に対しその通り説明したところ実際には雨漏りがあった事案で、売主には瑕疵担保責任を認めたが仲介業者の責任を否定した判例（札幌地判平8.5.27判例集未登載・財団法人不動産適正取引推進機構「不動産取引の紛争と裁判例〈増補版〉、東京地判平13.11.14ホームページ下級裁主要判決情報）がある一方、被告仲介会社の仲介により被告売主から土地建物を買い受けた原告が、売買契約時に、当該土地建物において過去に火災等が発生したことがある旨の説明がなかったとして、不法行為に基づく損害賠償責任を求めた事案で、「売主と買主の双方から仲介を依頼された仲介業者は、売主の提供する情報のみに頼ることなく、自ら通常の注意を尽くせば仲介物件の外観から認識することができる範囲で、物件の瑕疵の有無を調査して、その情報を買主に提供すべき契約上の義務があり、当該建物の焼損の確認義務違反が認められる。」と判示した判決があります（東京地判平16.4.23判時1866.65、判例マスタ）。仲介業者には厳しい内容ですが、要は手抜きをせず、売主、買主を同道して内覧を十分し、確認を励行するということです。

その際には、付帯設備一覧表を利用し、一つ一つ正常に稼働するか、異常なところはないかを確認し、異常等があれば書き入れておくことが大事です。

Q22　契約の内容に適合しない場合の売主の責任の契約条項はどのようになりますか。

契約不適合責任の契約条項はどうなりますか？

次のようになるでしょう。

A22

（改定案）

（契約の内容に適合しない場合の売主の責任）

第〇条　買主は、売主が標記（L）において本物件が（種類、品質又は数量に関して）契約の内容に適合しない場合（以下「契約不適合」という。）についての責任を負担する場合において、本物件に契約不適合があるときは、買主は、売主に対し、本物件の修補、代替物の引渡し又は不足分の引渡しによる履行の追完を請求することができる。ただし、その契約不適合が買主の責めに帰すべき事由によるものであるときは、この限りでない。

2　前項本文の規定にかかわらず、売主は、買主に不相当な負担を課するものでないときは、買主が請求した方法と異なる方法による履行の追完をすることができる。

3　買主は、第1項本文の場合において、この契約を締結した目的が達せられない場合は本契約の無催告解除を、本契約した目的を達することができるが、相当の期間を定めて契約の内容に適合するよう追完を催告したにもかかわらず、売主が追完に応じない場合には催告による解除をすることができる。ただし、催告期間を経過したときにおける契約不適合が本契約及び取引上の社会通念に照らして軽微であるときは、解除の効力は認められないものとする。その他の場合は、買主は、損害賠償の請求を、売主に対してすることができる。ただし、売主に責めに帰すべき事由がない場合は、売主は損害賠償の支払い義務はない。

4　買主は、次の場合、売主に対して、代金の減額を請求することができる。ただし、買主は、本項の請求と前項の解除、損害賠償請求がともに認められるものではないことを確認する。

(1) 引き渡された本物件が契約不適合である場合において、買主が相当の期間を定めて履行の追完の催告をし、その期間内に履行の追完がないときは、買主は、その契約不適合の程度に応じて代金の減額を請求することができる。

(2) 次のいずれかに該当するときは、買主は、(1)の催告をすることなく、直ちに代金の減額を請求することができる。
　ア　履行の追完が不能であるとき。
　イ　売主が履行の追完を拒絶する意思を明確に表示したとき。
　ウ　契約の性質又は当事者の意思表示により、特定の日時又は一定の期間内に履行をしなければ契約をした目的を達することができない場合において、売主が履行をしないでその時期を経過したとき。
　エ　アからウまでの場合のほか、買主が催告をしても履行の追完を受ける見込みがないことが明らかであるとき。

(3) 引き渡された目的物が契約不適合である場合において、その不適合が買主の責めに帰すべき事由によるものであるときは、買主は、(1)及び(2)の規定による代金の減額を請求することができない。

5　買主に引き渡された本物件が契約不適合（数量に関するものを除く）である場合において、買主がその不適合の事実を知った時から1年以内にその事実を売主に通知しないときは、買主は、その不適合を理由とする履行の追完の請求、代金の減額の請求、損害賠償の請求及び契約の解除をすることができない。Lの期間を経過したときも同様とする。
　　ただし、売主が引渡しの時に目的物が契約の内容に適合しないものであることを知っていたとき又は知らなかったことにつき重大な過失があったときは、この限りでない。（注）（L）は、「瑕疵担保責任の有無及び期間」。

コラム 16

不動産業の現場からの質問に答える(7)
「売主の契約不適合責任と媒介業者の責任の関係」

質問　瑕疵担保責任で売主がその責めを負わなければならなくなったとき、媒介業者も同様にその責めを負わなければいけないのでしょうか？（事情を知らなかった時でも）

回答　いいえ、違います。媒介業者は調査説明義務違反があった場合に責任を負うことになります。コラム15の回答を参照して下さい。

質問　契約不適合責任における時効について、期間を特約で短縮することは可能ですか？

回答　宅建業法や消費者契約法に違反しない限り短縮することは可能です。

質問　契約不適合責任を追及できる期間を引渡しから1年とできますか？

回答　宅建業法が適用される売主が宅建業者で買主が宅建業者以外の場合は無効になりますが、その他の場合は原則有効でしょう。

質問　上記（本書49頁）の第○条第3項ですが、契約不適合責任が売主の責めに帰すべき事由でなければ、損害賠償の支払い義務はないという事ですか？

回答　そのとおり、損害賠償義務はありません。ただし、契約条項第○条第4項により代金減額義務はあり得ます。

Q23 「本件土地には土壌汚染の可能性があり、売主は土壌汚染については契約不適合責任を負いません。」という特約をしたが、売主が土壌汚染の事実を知っていた場合、売主は土壌汚染について契約不適合責任を負いますか。

「土壌汚染」に対しての良い方策は？

トラブルを防ぐため文言例を紹介します。

A23

　売主が土壌汚染について可能性程度しか知らなかった場合は、特約が有効であることは問題ないと思います。しかし、自ら土壌汚染物質を埋設していたなど、確実に土壌汚染の事実を知っていた場合には、特約の表現として問題があると思います。買主としては「土壌汚染の可能性はあるがないかもしれない。」と思って買っていると思われるからです。むしろ情報提供責任、説明責任としても、土壌汚染がある旨を正確に伝える必要があるでしょう。例えば、「本件土地にはフッ素の土壌汚染があり、買主はそれを認識、容認して本件土地を購入するものであり（それを前提として本件土地売買価格を〇〇万円減額しています）、フッ素の土壌汚染については、買主は売主に対し、契約不適合責任、その他の法的請求をしないものとします。なお、本件土地には、その他の物質の土壌汚染の可能性があり、買主はそれを容認するものであり、売主はフッ素以外の土壌汚染については一切の法的責任を負いません。また、売主は、他の契約不適合があっても契約不適合の責任を負いません。」と明記しておくべきでしょう。

Q24 中古物件の売買契約で「雨漏りがあっても契約不適合責任を負いません。」という特約をした場合、実務上配慮すべきことや注意すべきことがありますか。

A24

　取壊し目的の売買でない限り、買主は居住用物件として雨漏りのない建物の取得を希望しているはずであるので、実務上は次のような配慮が必要でしょう。
① 実際に雨漏りが発生しているのであれば、雨漏りがどこにあるのか特定し、その修繕にどの程度の費用がかかるのか明確にして、雨漏りがない場合の代金から引いておく。
② 雨漏りの可能性しかわからない場合には、その旨を明確にし、買主が行う場合の調査費、修繕費用等のリスク負担等を明確に容認してもらい、相当な価格の減額を行っておく。
　ちなみに、取壊し目的であれば特約条項にその旨を明確にしておく。

【取り壊すことを前提とする場合の特約】
　「本件土地上の建物は現に雨漏りも存在するなど各箇所に経年変化等による老朽化が著しく進んでいるものであるが、買主は本件建物を取得後すみやかに取り壊すものであり、居住目的で購入するものではない。そのため、売主は、建物取壊料として売買代金から金〇〇万円を値引きしている。したがって、本件建物に不具合や居住に適さない状況があるとしても、それらは契約不適合に該当するものでなく、買主は、売主に対し契約の解除、修繕請求等の追完請求、代金減額等の法的請求及び金銭的請求を成し得ないことを確認する。」

【取壊しを目的としていないが、かなり古屋の場合】
　「売主は引渡しから2年間契約不適合責任を負う。ただし、本物件は築20年を経過しており、屋根等の躯体・基本的構造部分や水道管、下水道管、ガス管、ポンプ等の諸設

備については相当の自然損耗・経年変化が認められるところであって、買主はそれを承認し、それを前提として本契約書所定の代金で本物件を購入するものである（それらの状況を種々考慮、協議して当初予定していた売買代金から金150万円を値引きしたものである）。買主は、それぞれの設備等が引渡し時に正常に稼働していることを現地で確認したが、引渡し後に自然損耗、経年変化による劣化・腐蝕等を原因として仮に雨漏り、水漏れ、ポンプ等の設備の故障等があったとしても、それらは契約不適合責任に該当するものではなく、買主は、売主に対し契約の解除、修繕請求等の追完請求、代金減額等の法的請求及び金銭的請求を成し得ないことを確認する。」

コラム17

ホームインスペクションとは何か

　最近中古建物の売買でホームインスペクションという言葉をよく聞きます。ホームインスペクションとは住宅診断の意味で、住宅に精通したホームインスペクター（住宅診断士）が、第三者的な立場から、また専門家の見地から、住宅の劣化状況、欠陥の有無、改修すべき箇所やその時期、おおよその費用などを見きわめ、アドバイスを行う専門業務をいいます。ホームインスペクションは、外壁や基礎に不具合の兆候は見られないか、室内に雨漏りの形跡はないかなどを目視で確認し、建物のコンディションを診断依頼者に説明します。また、ホームインスペクションでは分からない項目で懸念があるものは、更なる二次診断の可能性、必要性を診断依頼者に説明することになります。

　アメリカでは、州によって異なりますが、取引全体の70〜90％の割合でホームインスペクションが行われているということです。

　ちなみに、イギリスでは、『HIP（Home Information Pack）』という制度で、売主が物件を市場に出す際に準備を義務づけられた情報書類一式があり、住宅取引が行われるたびに住宅の履歴情報が売主から買主に手渡されることになっていましたが、2010年の政権交代の際、不動産取引を阻害するという理由等で廃止されています。日本の場合、アメリカのエスクロー制度のようなものが取り入れられるか大いに関心のあるところです。エスクロー制度については97頁を参照して下さい。

Q25 売買に関する手付など、その他の規定はどのように変わりますか。

手付などはどのようになりますか？

法制審の部会資料をもとに説明します。

A25

ポイント1　手付に関する改訂―倍額提供による解除

手付に関しては、最高裁判決を明文化する内容になります。

特に、実務上影響があるものとして、現民法の「売主はその倍額を償還して、契約の解除をすることができる。」とあるのを「売主はその倍額を現実に提供して、契約の解除をすることができる。」に改められるので、現実の払渡しをしなくても売主が買主に倍額を現実に提供をすることにより手付解除をすることができることになります。

ポイント2　売主の義務

売主の義務の中に対抗要件を備えさせる義務が明記されました。

ポイント3　契約不適合責任

・売主の責任は法定責任の「瑕疵担保責任」から「契約不適合責任」という契約責任に転換されます。
・契約不適合がある場合、買主は契約解除、追完請求（修補・代替物引渡）、代金減額請求権を与えられます。
・契約不適合に関して売主に責めに帰すべき事由がある場合には、買主は更に履行利益としての損害賠償請求もなし得ます。
・売主の追完義務や代金減額請求の規定は買主の損害賠償請求や解除権行使を妨げないとありますが、代金減額請求と履行利益としての損害賠償とは両立しません。
・これらの制度は、買主に移転した権利が契約の内容に適合しないものである場合（権利の一部が他人に属する場合においてその権利の一部を移転しないときを含む。）について準用されます。

ポイント4　競売手続と契約不適合責任

　競売における「買受人の権利の特則」として、物の契約不適合を除く権利の契約不適合（目的物に存在するとしていた借地権が存在しなかった場合など）には、契約解除、損害賠償のほかに新たに代金減額請求の規律が付加されました。

　競売手続の目的物に関しては、種類又は品質に関しての契約不適合責任の規定は見送られました。

ポイント5　代金支払拒絶事由

　買主は、権利の取得の前後を問わず、また売買の目的について所有権のみならず用益物権があると主張する者がいる等の場合についても、代金支払を拒絶することができることを、条文上明記することになりました。

　売買の目的物に権利を主張する者がある場合の代金支払拒絶に関する民法第576条の規定については、「権利を主張する者がある」という現行法の要件は狭すぎるので、「その他の事由」という文言を付け加えるとともに、「失うおそれがある」場合のほか「取得することができず、」の場合も掲げています。

ポイント6　契約不適合物の引渡と危険の移転

　目的物が契約の内容に適合していない場合にも危険が移転することを明らかにする趣旨で、「売主が買主に目的物（売買の目的として特定したものに限る。）を引き渡した場合において、その引渡しがあった時以後にその目的物が当事者双方の責めに帰することができない事由によって滅失し、又は損傷したときは、買主は、その滅失又は損傷を理由とする履行の追完の請求、代金の減額の請求、損害賠償の請求及び契約の解除をすることができない。この場合において、買主は、代金の支払を拒むことができない。」との規定が明記されました。

ポイント7　民法第571条の削除

　売主の契約不適合責任に基づく填補賠償債務と買主の代金支払債務とが同時履行の関係に立つことは、同時履行一般の規定である民法第533条の規定で規律されることになります。民法第533条は「債務の履行（債務の履行に代わる損害賠償の債務の履行を含む。）」と明記され、民法第571条は削除されます。

ポイント8　「買戻」の改訂―返還されるべき金銭の範囲

　買戻しについては、担保以外の目的で買戻しが用いられる場面を念頭に、売主が返還しなければならない金銭の範囲につき柔軟な取扱いを認め、返還しなければならない金銭の範囲については、当事者の合意で定めることができることとする一方、基準を示す趣旨で、買戻特約がされた場合に、売主が返還しなければならない金銭の範囲については、「買主が支払った代金及び契約の費用」とする旨の同条の定めを任意規定として残しています。

コラム 18

不動産業の現場からの質問に答える(8)
「競売手続と契約不適合について」

質問 競売手続の瑕疵担保責任について、所有者（債務者）はローンも払えないわけですから、担保保証は誰がするのか教えて下さい。

回答 競売手続の目的物の種類又は品質に関しての契約不適合制度は結局検討の結果取り上げない論点ということで実現しませんので問題は生じません。但し、目的物に存在するとしていた借地権が存在していなかったなどの権利に関する瑕疵については、現民法でも第568条で買受人に権利が認められており（最判平8・1・26民集50-1-55）、改正後も次のような規律になります。この結果、債務者（所有者）が無資力の場合には「代金の配当を受けた債権者に対し、その代金の全部又は一部の返還を請求することができる。」ことになります。

8　競売における買受人の権利の特則
　民法第568条第1項及び第570条ただし書の規律を次のように改めるものとする。
(1)　民事執行法その他の法律の規定に基づく競売（以下この8において単に「競売」という。）における買受人は、第12の1から3までの規定並びに4（6において準用する場合を含む。）の規定により、債務者に対し、契約の解除をし、又は代金の減額を請求することができる。
(2)　(1)並びに民法第568条第2項及び第3項の規定は、競売の目的物の種類又は品質に関する不適合については、適用しない。

質問 今まで競売物件には瑕疵担保制度は無かったのですか？　以前競売で落とした物件を再販した際、瑕疵担保責任を負ったのですが。

回答 質問に混乱があるように思います。民法第570条ただし書により、競売手続そのものには瑕疵担保制度の適用はありませんが、再販の場合は通常の売買ですから瑕疵担保責任は問題とされます。競売物件には隠れたる瑕疵があることが多いので、今後も取得した競売物件を売買する場合には注意が必要です。

質問 競売物件を個人が求めた時、瑕疵とインスペクションをどのようにすればよいか教えて下さい。

回答 競売手続中であれば民事執行法第64条の2により内覧制度があるのでそれを活用するか、自らの責任で調査するより仕様がないと思います。取得後は専門家による調査をお勧めします。

Q26 民法改正が売買契約に与える影響をまとめて下さい。

民法改正で売買契約に与える影響は?

より正確な調査が求められることになるでしょう。

A26

　今回の中間試案では、①契約当事者の付随義務及び保護義務（契約の当事者は相手方が契約から得る利益を確保できるよう必要と認められる行為や、相手方の生命・身体・財産を守るために必要な行為が義務付けられる）、②契約締結過程の情報提供義務、③瑕疵担保責任を「契約の趣旨に適合しない場合の売主の責任」とする、④事業者買主の検査・通知義務、⑤競売物件の物的瑕疵に瑕疵担保（契約不適合）制度を適用する、⑥不実表示が錯誤取消事由になる、という諸制度が提案されたことから、筆者は、売買契約締結に際しては、専門家による正確な調査（インスペクション）が要請されることになるし、媒介業者は自ら専門家による調査・検査義務がないとしても、売主に対する適切なアドバイスが求められることになるとの問題提起をしました。今回の要綱では、①、②、④、⑤、⑥が取り上げない論点とされましたが、③が残るだけでも売買をする際には従来よりも正確な調査が要請されることになると思われます。

Q27 賃貸借契約に関して、業界が中間試案段階で懸念を示した制度で、要綱でも維持された制度として、どのようなものがありますか。

A27

「建物賃貸借契約における個人保証の場合の極度額制度」、「一定の場合の元本確定事由」、「賃借人の修繕権」、「賃料当然減額制度」があります。

Q28 極度額制度の実務に与える影響をまとめて下さい。

極度額制度が実務に与える影響は？

貸主・借主、家賃債務保証会社それぞれの立場によっていろいろありそうですネ。

A28

　建物賃貸借契約においては、個人保証制度が維持されましたが、保証人が個人の場合、保証契約に極度額を記載する必要があり、極度額の定めがないと、保証契約そのものの効力が生じなくなります。建物賃貸借でも賃借人が失火した場合や自殺した場合など連帯保証人の責任が多額になることがあり、極度額制度は導入すべきとの説明がなされています。しかしながら、この制度が導入されますと家賃債務保証会社を保証人にしようとする傾向が強まりますが、家賃の高騰・費用負担の増加という形で賃借人にも跳ね返る問題にならないか、また、大家の賃貸動機にも影響を与えないか、今後の実務上の影響を見守る必要があります。

Q29 賃貸借契約との関連で保証の制度に新たに導入された制度にはどのようなものがありますか。

保証制度に新たに導入されたものは?

以下の4点について説明します。

A29

1．契約締結時の情報提供義務

　事業用の賃貸借契約締結時に賃借人は、委託した保証人（法人を除く）に対し、㋐財産及び収支の状況、㋑主たる債務（家賃支払債務）以外に負担している債務の有無並びにその額及び履行状況、㋒主たる債務の担保として他に提供し、又は提供しようとするものがあるときは、その旨及びその内容の情報提供をする必要があります。賃借人が、以上の説明をせず、又は事実と異なる説明をしたために委託を受けた者が上記㋐から㋒までに掲げる事項について誤認をし、それによって保証契約の申込み又はその承諾の意思表示をした場合において、主たる債務者（賃借人）が㋐から㋒の説明をせず、又は事実と異なる説明をしたことを債権者（家主）が知り、又は知ることができたときは、保証人は、保証契約を取り消すことができる。

2．保証人の請求による主たる債務の履行状況に関する情報提供義務

　保証人からの請求による家主の履行状況の情報提供義務について、次のような規律を設けています。この義務は個人保証人のみならず法人保証人も対象とします。

　債権者（家主）は、委託を受けた保証人から請求があったときは、保証人に対し、遅滞なく、主たる債務（家賃）の元本及び主たる債務に関する利息、違約金、損害賠償その他その債務に従たる全てのものについての不履行の有無並びにこれらの残額及びそのうち弁済期が到来しているものの額に関する情報を提供しなければならない。

3．保証債務の附従性について

　「主たる債務の目的又は態様が保証契約の締結後に加重されたときであっても、保証人の負担は加重されない。」との規律が設けられるので、今後、賃貸借契約中に賃料の

増額がなされた場合、保証人は増額分については責任を負うのか問題になるでしょう。この点は契約書で増額された賃料においても保証人は責任を負う旨の合意をすることを検討すべきと思います。

4．元本確定事由

貸金等債務以外の場合（例えば、賃貸借の個人保証の場合）において法第465条の4の規律を次のように改めるものとします。

「個人根保証契約における主たる債務の元本は、次に掲げる場合に確定する。ただし、㈎の場合にあっては、強制執行又は担保権の実行の手続きの開始があったときに限る。
- ㈎ 債権者が、保証人の財産について、金銭の支払を目的とする債権についての強制執行又は担保権の実行を申し立てたとき。
- ㈑ 保証人が破産手続開始の決定を受けたとき。
- ㈒ 主たる債務者又は保証人が死亡したとき。」

貸金等債務以外の場合（例えば、賃貸借の個人保証の場合）には、主債務者が、貸金等債務の場合と異なり、「主債務者が、強制執行や破産開始決定を受けた場合」を元本確定事由から除外しています。その理由は、債権者（賃貸人）は、賃貸借契約に基づく債務者（賃借人）の資産状態が悪化したとしても、賃料の滞納がなく、賃貸借契約が継続している限り、原則として、その目的物を賃貸し続けなければならず、もし、これらを元本確定事由に含めてしまうと、保証人がいることを見込んで賃料等契約内容を設定した賃貸人は、保証人がないまま賃貸借契約の継続を強いられ、酷な結論となってしまうからです（部会資料83-2、18頁以下）。

コラム 19

不動産業の現場からの質問に答える⑼
「賃借人の自殺と元本確定事由について」

質問 例えば、住宅の賃貸借契約で借主が居室内で死亡（自殺、孤独死）し、元本が確定した時には、実務上大きな影響は考えられるのでしょうか。

回答 自殺によって死亡したことによる損害は自殺という生前の善管注意義務違反に起因する損害であり、その損害が借主の死亡によって元本が確定する結果、相続人や連帯保証人に対し、その損害賠償を請求できなくなるということはありません。但し、孤独死については善管注意義務違反がないのが通例でしょうから、損害賠償請求が認められないと思います。この点は、現時点でも同様です。

質問 元本確定事由が死亡の時、家賃回収はどうなりますか？

回答 死亡までの滞納賃料は相続人、連帯保証人に請求できますが、死亡後の滞納は、保証人には請求できず、賃貸借契約の借主の相続人や借主を承継した者に請求することになります。

Q30 賃借人の修繕する権利の明文化に関する問題点は何ですか。

賃借人の修繕の権利の明文化による影響は?

明文化されれば修繕できる範囲の解釈の相違でトラブルがおきます。特約できっちり決めておきましょう。

A30

　賃貸人は修繕義務を負うという規律は現民法にも明文の規定（民法第606条第1項）がありますが、賃借人が修繕する権利については規定がありません。
　要綱では、次のような規定が提案されています。

> 民法第606条第1項の規律を次のように改めるものとする。
> (1) 賃貸人は、賃貸物の使用及び収益に必要な修繕をする義務を負う。
> 　　ただし、賃借人の責めに帰すべき事由によってその修繕が必要になったときは、この限りでない。
> (2) 賃貸物の修繕が必要である場合において、次に掲げるときは、賃借人は、その修繕をすることができる。
> 　ア　賃借人が賃貸人に修繕が必要である旨を通知し、又は賃貸人がその旨を知ったにもかかわらず、賃貸人が相当の期間内に必要な修繕をしないとき。
> 　イ　急迫の事情があるとき。

　ところで、現在、老朽化や耐震問題を理由に賃貸人が退去を要求した場合、退去を要求する正当事由と賃貸人の修繕義務との関係が問題になります。
　例えば、賃貸人が、老朽化し耐震性に問題ある建物について、借地借家法第28条の正当事由を理由に、明渡しを求めた場合を考えてみますと、現在の実務では、かかる紛争途中で、賃借人が無断で修繕する事案はほとんど見られませんが、修繕権が明文化することにより、賃借人は、賃貸人に修繕を要求し、賃貸人が応じない場合には、賃借人が耐震等の工事をしたうえで、必要費（民法第608条第1項）として工事代を請求し、かつ、明渡しの正当事由を争うという場面が頻発すると思われます。

一方、賃貸人は、この場合、「必要な修繕」にあたらない旨を主張し、賃借人に対し、損害賠償を請求することとなるでしょう。

　このように、これらの紛争の途中で、お金のある賃借人は、賃貸人に修繕を要求し、賃貸人が応じない場合には、賃借人が耐震等の工事をしてしまい、必要費として工事代を請求するということが可能であり（民法第608条第1項）、紛争が複雑になるばかりか、賃貸人も思わぬ出費を強いられることにならないか懸念が表明されています。また、(1)ただし書によって、賃貸人が修繕義務を負わない場合も、(2)によって賃借人に修繕権があるとするのが、法務当局の見解です。ただし、この場合には、借主は必要費返還請求権を行使することはできません。

　ちなみに、仮に改正民法で「修繕権」が規定された場合には、次のような特約を検討すべきでしょう。特に第2項が重要です（ただし、消費者契約法が適用される居住用建物賃貸借の場合、消費者契約法第10条で無効にならないか検討する必要があります）。

【特約例】
1．賃貸人は、賃借人が本物件を使用するために必要な修繕を行わなければならない。この場合において、賃借人の故意又は過失により必要となった修繕に要する費用は、賃借人が負担しなければならない。
2．賃借人は、民法第〇条にかかわらず、増改築に及ぶものはもとより、耐震工事や建物の躯体に影響する大規模修繕に関する修繕権を有しないものとし、修繕権を有するのは小規模修繕に限るものとする。ただし、賃借人が小規模修繕を行う場合には、緊急を要する場合を除き、工事費見積書を添えて事前に賃貸人に通知するものとし、賃貸人に修繕の機会を与えるものとし、かつ、賃貸人の同意を得るものとする。
3．乙は、甲の承諾を得ることなく、次に掲げる修繕を自らの負担において行うことができる。
　　一　畳表の取替え、裏返し
　　二　ヒューズの取替え
　　三　障子紙の張替え
　　四　ふすま紙の張替え
　　五　電球・蛍光灯の取替え
　　六　その他費用が軽微な修繕

Q31 賃料当然減額が認められる場合の問題点はどこにありますか。

賃料減額請求の問題点とは？

減額の時期と額についてトラブルが生じる可能性があります。特約を検討しましょう。

A31

　要綱では、民法第611条第1項の規定を次のように改めようとしています。
(1) 賃借物の一部が滅失その他の事由により使用及び収益をすることができなくなった場合において、それが賃借人の責めに帰することができない事由によるものであるときは、賃料は、その使用及び収益をすることができなくなった部分の割合に応じて、減額される。
(2) 賃借物の一部が滅失その他の事由により使用及び収益をすることができなくなった場合において、残存する部分のみでは賃借人が賃借をした目的を達することができないときは、賃借人は、契約の解除をすることができる。

　このように、賃借物の一部の使用収益をすることができなくなった場合、賃借人からの請求を待たずに当然に賃料が減額されると規定されています。
　これは、賃料が、賃借物が賃借人の使用収益可能な状態に置かれたことの対価として日々発生するものであるから、賃借人が賃借物の一部の使用収益をすることができなくなった場合には、その対価としての賃料も当然にその部分の割合に応じて発生しないとの理解に基づくものです。
　目的物の使用・収益が不可能となった割合に応じて賃料が減額されるというのは、賃貸人・賃借人の公平な対価関係を維持する観点から導かれたものですが、このような規定が、実務上も妥当か否かは検討する必要があります。
　例えば、建物が一部滅失した場合、滅失部分の価値の判断には様々な要素を考慮する必要があり、滅失部分が、具体的にどの程度賃料を減額させるのかは直ちに明らかになるとは限りません（法文上は「その部分の割合」に応じて減額されるものとする、と規定されています。）。

また、賃借人は、故障をそのまま放置し、賃貸人もその状況を認識していない状況下で、後日、賃借人から、その間の賃料が当然に減額されていると不意打ち的に主張されて、建物賃貸借の現場が混乱するおそれもあります（後記のように賃借人には通知義務があるので、賃貸人としては建物損害拡大を理由とする損害賠償請求や、減額請求に対し、権利乱用等で対抗することになるでしょう）。

　逆に、賃借人は、当然減額されたと考えて自らが適正と考える賃料を供託したところ、結果として、本来支払うべき賃料が供託額を上回っていた場合、賃貸人は、適正賃料の支払いがないことを理由として、債務不履行解除を検討するでしょうから、かかるリスクを賃借人が負うことが予想されます。

　さらに、賃借人が賃料当然減額を主張すると、賃貸人は、通知義務（民法第615条）を履行していれば修繕していたはずであるから、当然減額は認めないといった攻防を繰り広げることも考えられ、当然減額規定と修繕義務及び通知義務の関係が問題となります。

　このような不都合を考えると、請求があって初めて賃料減額の効果が生じるとする、現在の民法第611条第1項の規定で十分足りるのではないかということです。もし、当然減額制度を採用するのであれば、悪用防止のための方策を検討する必要があるでしょう。たとえば、一部滅失したときから〇〇日以内に賃貸人に通知して初めて、一部滅失時点に遡って当然減額が認められる、という規律です。もし、現在の素案の内容で改正民法の規定が設けられた場合には、次のような特約を設けることを検討すべきでしょう。**ちなみに法務当局解説では、帰責事由の立証責任については、賃借人に負わせるという現状を維持することとしたというものです。**

【特約例】
　賃借人は、本件賃貸物件に一部滅失を発見した場合には、直ちに、具体的な賃料減額割合を示して賃貸人に通知するものとし、この通知をしなかった場合には、通知以前の賃料減額を主張し得ないものとする。

Q32 「鍵の返還をもって明渡しとする。」との特約は有効ですか。

鍵の返還をもって明渡しとしたいのですが？

特約をしておけばOKですよ。

A32

　改正民法は、賃貸借の成立（民法第601条関係）の規律を次のように改めるものとし、「賃貸借は、当事者の一方がある物の使用及び収益を相手方にさせることを約し、相手方がこれに対してその賃料を支払うこと及び引渡しを受けた物を契約が終了したときに返還することを約することによって、その効力を生ずる。」との規律を公表しています。しかし、この規定も任意規定であり、「鍵の返還をもって明渡しとする。」旨の特約は有効なので、従前の賃貸借契約関係を特に変更するものではないと説明されています。

Q33 民法第602条から、「処分につき行為能力の制限を受けた者」が削除されたのは何故ですか。

民法第602条の「処分につき行為能力の制限を受けた者」この取扱いは？

文言はなくなります。その理由は以下に述べます。

A33

　部会資料69A、41頁は、次のように説明しています。「現民法第602条は短期賃貸借のみを締結することができる者として、『処分につき行為能力の制限を受けた者』を定めています。これは、処分につき行為能力の制限を受けている者、すなわち未成年者、成年被後見人、被保佐人及び被補助人が締結することができる賃貸借を限定したものとされています。しかし、制限行為能力者がどのような法律行為をすることができるかは、行為能力に関する規定（同法第4条以下）において規定されており、賃貸借に関しても、被保佐人及び被補助人が締結することができない賃貸借の範囲は明示されており（同法第13条第1項第9号、第17条第1項参照）、これに該当しない賃貸借はそれぞれ保佐人又は補助人の同意なくして単独ですることができることが明らかです。他方、未成年者が法定代理人の同意を得ないで賃貸借契約を締結した場合と、成年被後見人が賃貸借契約を締結した場合については、いずれも、短期賃貸借かどうかにかかわらず、取り消すことができるとされています（同法第5条第2項、第9条）。このように、制限行為能力者がどのような賃貸借契約を締結することができるかは行為能力に関する事項であって、行為能力の箇所に規定が設けられているので、これと内容面で重複する規定を同法第602条において設ける必要はないばかりか、民法第602条が存在することにより、以下のような弊害が生じかねないことが指摘されています。すなわち、同条の文言上は、①制限行為能力者は、短期賃貸借であれば何ら制限なく締結することができ、また、②同条各号に定める期間を超える賃貸借契約を締結することはできないように理解することもできるということです。しかし、上記のとおり、未成年者が法定代理人の同意を得ないで賃貸借契約を締結した場合や、成年被後見人が賃貸借契約を締結した場合には、いずれも、その期間の長短にかかわらず、取り消すことができ（同法第5条第2項、第9条）、他方で、被補助人については、民法第602条各号に定める期間を超える賃貸借であっ

ても、家庭裁判所の審判により補助人の同意を要する行為とされていなければ単独ですることができ、被補助人は短期賃貸借のみをすることができるわけではないということです。このように上記①②はいずれも誤っていますが、同条の存在はこのような誤解を生じさせかねないと言えるので、『処分につき行為能力の制限を受けた者』が短期賃貸借をすることができる旨の民法第602条の規定は、不要である上、上記の誤解を招きかねないものであり、削除する必要があるということです。ちなみに、民法第602条各号に定める期間を超える賃貸借をした場合の取扱いについては、現行民法に明文規定はありませんが、素案後段は、民法第602条に関する一般的な理解を明文化し、同条各号に定める期間を超える賃貸借をした場合にはその超える部分のみを無効とする旨を定めるものです。」

コラム 20

改正民法は現時点で締結されている賃貸借に適用されるか？

質問 改正民法は、現時点で締結されている賃貸借契約に適用されるのですか。自動更新の場合はどうするのですか？ 契約更新時から新しい契約内容にするのでしょうか？

回答 適用されません。賃貸借の規定は、更新の場合でも賃貸借の存続期間の規定、「すなわち、賃貸借の存続期間は、更新できる。ただし、その期間は更新の時から50年を超えることができない。」以外は、施行前の民法の規定が適用されるようです（部会資料85、第4）。ただし、改正法施行後の合意更新、法定更新後の連帯保証人の責任がどのようになるかですが、最高裁（平成9年11月13日判時1633.81）が変更されないかぎり、当初の契約に保証人の署名・押印した者は、合意更新、法定更新にかかわらず賃借人が建物を明け渡すまでの一切の責任を原則負担するということでよいと思います。但し、極度額制度等の導入により、施行後の判決にどのような影響があるかについては予断を許さないところがあります。

《参考》

部会資料85、第4は合意更新の場合の賃貸借の存続期間の規律に関し、次のように解説しています。

「賃貸借に関する規定（部会資料84-1、第33）のうち、賃貸借の更新に関する規定（第33の3(2) 賃貸借の存続期間の規定）については、施行日前に賃貸借契約が締結された場合であっても、施行日以後にその賃貸借契約の更新の合意がされるときは、改正後の民法の規定を適用することとする考え方があり得る。賃貸借契約の更新は契約の当事者の合意により行われるものであるため、更新後の賃貸期間の上限を20年から50年に改める旨の改正後の民法の規定を施行日前に契約が締結された場合について適用しても、契約の当事者の予測可能性を害することにはならないこと等を根拠とする。ただし、施行日前に締結された契約につき、施行日前に更新の合意がされた場合についてまで改正後の民法の規定を適用する必要はない（施行日前に20年を超える賃貸期間の更新の合意がされた場合にその更新の合意のとおりの効力を認める必要はない）ことから、施行日以後に賃貸借契約の更新の合意がされる場合に限るのが合理的であると考えられること等によるものである。」

Q34 賃貸借の存続期間（民法第604条関係）はどのようになりましたか。

賃貸借の存続期間はどうなりますか？

20年から50年に改正されます。

A34

次のように改訂されます。

> 民法第604条の規律を次のように改めるものとする。
> (1) 賃貸借の存続期間は、50年を超えることができない。契約でこれより長い期間を定めたときであっても、その期間は、50年とする。
> (2) 賃貸借の存続期間は、更新することができる。ただし、その期間は、更新の時から50年を超えることができない。

　当初、現代社会においては20年を超える賃貸借を認めるニーズがあることから、民法第604条を削除するというものでありました（部会資料69A、43頁）。しかし、あまりにも長期にわたる賃貸借は、目的物の所有権にとって過度な負担になる等の弊害が生ずる懸念があるとのことから、何らかの存続期間の上限を設けるのが相当であると考えられました。そこで、民法第278条が物権である永小作権の存続期間の上限を50年と規定していること等を参照して、賃貸借の存続期間の上限を20年から50年に改め、更新を可能とし、更新する場合でもその存続期間は、更新の時から50年を超えることができないとされました（部会資料83−2、44頁）。ちなみに、借地契約や借家契約については、借地借家法の適用があり、民法の特則になっています。例えば、普通建物賃貸借契約については、「期間を1年未満とする建物の賃貸借は、期間の定めがない建物の賃貸借とみなす。民法第604条の規定は、建物の賃貸借については、適用しない。」（借地借家法第29条第2項）と規定され、定期借地契約については、存続期間は50年以上とされています。

Q35 不動産賃貸借の対抗等を定める民法第605条はどのように変わりますか。

第605条関係は?

判例や通説をもとに以下のように明文化されました。

A35

次のように改訂されます。

改正民法は、不動産賃貸借の対抗力、賃貸人の地位の移転等（民法第605条関係）に関する民法第605条の規律を次のように改めるものとしています。その内容は、
(1) 不動産の賃貸借は、これを登記したときは、その不動産について物権を取得した者その他の第三者に対抗することができる。
(2) 借地借家法（平成３年法律第90号）第10条又は第31条その他の法令の規定による賃貸借の対抗要件を備えた場合において、その不動産が譲渡されたときは、その不動産の賃貸人たる地位は、その譲受人に移転する。
(3) (2)の規定にかかわらず、不動産の譲渡人及び譲受人が、賃貸人たる地位を譲渡人に留保する旨及びその不動産を譲受人が譲渡人に賃貸する旨の合意をしたときは、賃貸人たる地位は、譲受人に移転しない。この場合において、譲渡人と譲受人又はその承継人との間の賃貸借が終了したときは、譲渡人に留保されていた賃貸人たる地位は、譲受人又はその承継人に移転する。
(4) (2)又は(3)後段の規定による賃貸人たる地位の移転は、賃貸物である不動産について所有権の移転の登記をしなければ、賃借人に対抗することができない。
(5) (2)又は(3)後段の規定により賃貸人たる地位が譲受人又はその承継人に移転したときは、民法第608条の規定による費用の償還に係る債務及び７(1)の規定による７(1)に規定する敷金の返還に係る債務は、譲受人又はその承継人が承継する。

(1)と(2)は、判例・通説を明文化したものです。(3)は、「賃貸人の地位を留保する旨の合意に加えて、新所有者を賃貸人、旧所有者を賃借人とする賃貸借契約を締結すること

を要件とし（⑶前段）、その賃貸借契約が終了したときは改めて賃貸人の地位が旧所有者から新所有者又はその承継人に当然に移転するというルールを用意することとした（⑶後段）と説明されています。これについては更に次のように解説しています（部会資料69A、47頁以下）。

```
A→B→C             →：所有権の移転
↓↑                ↓↑：賃貸借関係
X
```

　新所有者Bと旧所有者Aとの間で賃貸借契約を締結することを要件としているのは、①賃貸人の地位の留保合意がされる場合には、新所有者Bから旧所有者Aに何らかの利用権限が設定されることになるが、その利用権限の内容を明確にしておくことが望ましいこと、②賃貸人の地位を留保した状態で新所有者Bが賃貸不動産を更に新新所有者Cに譲渡すると、その譲渡によって新所有者Bと旧所有者Aとの間の利用関係及び旧所有者Aと賃借人Xとの間の利用関係が全て消滅し、新所有者Bからの譲受人Cに対して賃借人Xが自己の賃借権を対抗することができなくなるのではないかとの疑義を生じさせないためには、新所有者Bと旧所有者Aとの間の利用関係を賃貸借としておくことが望ましいこと、③賃貸借に限定したとしても、それによって旧所有者Aと新所有者Bとの間の合意のみで賃貸人の地位の留保が認められることになるのであるから、現在の判例法理の下で賃借人の同意を個別に得ることとしている実務の現状に比べると、旧所有者と新所有者にとって不当な不便が課されるものでないからである。

　なお、中間試案の第38、4⑶後段では、「譲受人と譲渡人との間の賃貸借が終了したときは」としていたが、不動産の所有権が新所有者Bから新新所有者Cに譲渡されたことに伴い新所有者Bの旧所有者Aに対する賃貸人たる地位が新新所有者Cに承継され、その後に旧所有者Aと新新所有者Cとの間の賃貸借が終了した場合にも、同じ規律が妥当するため、素案⑶後段では「譲渡人と譲受人又はその承継人との間の賃貸借が終了したときは」としている。

　ところで、実務においては、賃貸人の地位を旧所有者に留保した上で旧所有者が所有権を譲渡するニーズのほかに、新所有者がその取得した所有権を留保したまま賃貸人の地位のみを旧所有者以外の第三者に譲渡することのニーズもあるとの指摘もあるが、この点については、解釈に委ねることとしている。

Q36 合意による賃貸人の地位の移転の規定はどうなりましたか。

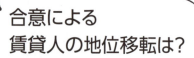
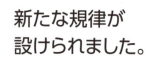

A36

合意による賃貸人たる地位の移転
　賃貸人たる地位の移転について、次のような規律を設けるものとする。

> 　不動産の譲渡人が賃貸人であるときは、その賃貸人たる地位は、賃借人の承諾を要しないで、譲渡人と譲受人との合意により、譲受人に移転させることができる。この場合においては、4(4)及び(5)の規定を準用する。※4(4)及び(5)についてはQ35を参照。

ポイント　●この規律は、賃借人が賃借人たる地位を不動産の譲受人に対し対抗できない場合でも、不動産の売主と買主の合意で賃貸人たる地位を買主に移転できることを明確にしたものである。この規律は、駐車場など、賃借人の対抗要件が問題とならない不動産賃貸借契約に有益である。

（部会資料83－2、45頁）
　改めて検討した結果、本論点は、第22の契約上の地位の移転の例外として、賃借人の承諾を要しないで、譲渡人と譲受人の合意により、賃貸人たる地位を移転させるものであることから、これを明らかにするため、「賃借人の承諾を要しないで」の文言を付け加えるものである。

Q37 賃貸借終了後の収去義務及び原状回復義務（民法第616条、第598条関係）について何か改訂がありましたか。

A37

　賃貸借終了後の収去義務及び原状回復義務（民法第616条、第598条関係）については、使用貸借に関する規定を準用していますので、次のような規律になります。「(1)　賃借人は、賃借物を受け取った後にこれに附属させた物がある場合において、賃貸借が終了したときは、その附属させた物を収去する義務を負う。ただし、賃借物から分離することができない物又は分離するのに過分の費用を要する物については、この限りでない。(2)　賃借人は、賃借物を受け取った後にこれに附属させた物を収去することができる。(3)　賃借人は、賃借物を受け取った後にこれに生じた損傷（通常の使用及び収益によって生じた賃借物の損耗並びに賃借物の経年変化を除く。以下この(3)において同じ。）がある場合において、賃貸借が終了したときは、その損傷を原状に復する義務を負う。ただし、その損傷が賃借人の責めに帰することができない事由によるものであるときは、この限りでない。」と明記されました。(3)は、判例、通説に従うものです。

賃貸借終了後の収去義務及び原状回復義務（民法第616条、第598条関係）
　民法第616条（同法第598条の準用）の規律を次のように改めるものとする。
(1)　第34の4(1)及び(2)の規定は、賃貸借について準用する。
(2)　賃借人は、賃借物を受け取った後にこれに生じた損傷（通常の使用及び収益によって生じた賃借物の損耗並びに賃借物の経年変化を除く。以下この(2)において同じ。）がある場合において、賃貸借が終了したときは、その損傷を原状に復する義務を負う。ただし、その損傷が賃借人の責めに帰することができない事由によるものであるときは、この限りでない。

現民法第616条（使用貸借の規定の準用）
　第594条第１項、第597条第１項及び第598条の規定は、賃貸借について準用する。
現民法第598条（借主による収去）
　借主は、借用物を原状に復して、これに附属させた物を収去することができる。

コラム 21

　宅建業法第38条は売主たる宅建業者に「契約の内容に適合しない場合の売主の責任」（契約不適合責任）がある場合を想定して合意された損害賠償の予定、違約金に適用されるか。

　宅建業法第38条は、「宅地建物取引業者がみずから売主となる宅地又は建物の売買契約において、当事者の債務の不履行を理由とする契約の解除に伴う損害賠償の額を予定し、又は違約金を定めるときは、これらを合算した額が代金の額の10分の２をこえることとなる定めをしてはならない。２　前項の規定に反する特約は、代金の額の10分の２をこえる部分について、無効とする。」と規定し、宅建業者が売主の場合の損害賠償額の予定等について規定しています。ただし、この規定は宅建業者が買主の場合には適用されません（宅建業法第78条第２項）。

　ところで、この度の民法改正では、契約不適合責任は明確に契約責任（債務不履行責任）として位置づけられたので（部会資料75Ａ、７頁）、法定責任とされていた瑕疵担保責任の際には意識されなかった宅建業法第38条の適用が問題になります。結論としては、適用されることになりそうです。まず、契約不適合の場合だけでなく排除する明文上の根拠がないこと、更に宅建業法第38条第２項は、宅建業法第39条第３項のように「買主に不利なものは」と規定していないため、本条に違反するかどうかは、当事者のいずれかにとって有利とか不利とかの観点ではなく、予定された損害賠償額や定められた違約金の額の合算額が、売買代金の額の10分の２を超えているか否かだけによって判断されるからです。契約不適合の内容が土壌汚染があった場合のように損害額が多額になる場合に同条の適用は妥当でないとの見解もあると思いますが、宅建業法第38条は、契約解除を前提としているので、さほど不当な結論になるものでないとの見解もあるようです。いずれにしても今回の宅建業法の改正も民法改正にともなう整合性に関する整備法としての改正です。必要最小限のものに限られるので以上の結論は動かしがたいでしょう。

Q38 敷金について明文が設けられたということですが、その内容を説明して下さい。

敷金はどうなりますか？

敷金の性格を明確にしました。

A38

> 敷金について、次のような規律を設けるものとする。
> (1) 賃貸人は、敷金（いかなる名義をもってするかを問わず、賃料債務その他の賃貸借に基づいて生ずる賃借人の賃貸人に対する金銭債務を担保する目的で、賃借人が賃貸人に交付する金銭をいう。）を受け取っている場合において、次に掲げるときは、賃借人に対し、その受け取った敷金の額から賃貸借に基づいて生じた賃借人の賃貸人に対する金銭債務の額を控除した残額を返還しなければならない。
> ア 賃貸借が終了し、かつ、賃貸物の返還を受けたとき。
> イ 賃借人が適法に賃借権を譲り渡したとき。
> (2) 賃貸人は、賃借人が賃貸借に基づいて生じた金銭債務を履行しないときは、敷金をその債務の弁済に**充てる**ことができる。この場合において、賃借人は、賃貸人に対し、敷金をその債務の弁済に充てることを請求することができない。

ポイント　●敷金の性格を明確にしたものです。

　ところで、このように敷金が法的に明確に定義化されたことから、契約期間満了時に敷金から当然一定額を控除する金員（いわゆる敷引金）が賃貸借に基づいて生じた賃借人の賃貸人に対する金銭債務といえるのか議論があるように思います。契約書に書いてあれば金銭債務といえるとの見解もありますが、その法的性質は何なのか疑問が残ります。賃料の後払いか、自然損耗・摩耗分に引き当てられる対価か、賃貸借契約中に発生する何らかの損害に対する損害賠償の予定なのかです。仮に賃借人に故意・過失がない場合にも当然控除するというのであれば、最高裁平成23年3月24日判決の事例のように、

特約で「①賃料に自然損耗の対価は含まず、②通常損耗の原状回復費用は、敷引金でまかなう。」旨を明記しておくことが無用なトラブル回避する方策と考えています。最高裁平成23年7月12日判決は、特に法的性質について契約書に言及がなくても有効な特約としましたが、反対意見もあるからです。

コラム 22

使用貸借が諾成契約にされた理由

民法第593条は、「使用貸借は、当事者の一方が無償で使用及び収益をした後に返還することを約して相手方からある物を受け取ることによって、その効力を生ずる。」と規定しており、使用貸借は要物契約とされています。

使用貸借が要物契約とされている理由を法制審議会部会資料（部会資料70A、59頁）は次のような説明をしています。

使用貸借が要物契約とされているのは、「もっぱらローマ法時代からの沿革によるものであるとか、無償契約としての恩恵的な性格を有するためであるなどと説明されているが、従来、使用貸借は、親族等の情義的な関係によるものが多かったと考えられるが、現代社会においては、そのような情義的な関係によるものだけではなく、経済的な取引の一環として行われることも多くなっており、目的物が引き渡されるまで契約上の義務が生じないのでは取引の安全が害されてしまう。また、民法制定時に比べ、全国にわたる転勤や海外転勤が増えている現代社会においては、例えば、会社員が勤務会社との間で使用貸借として住宅を無償で借りる約束をして遠方へ転勤したところ、勤務会社が住宅を提供しなかったという事案において、使用貸借は要物契約であることから勤務会社には無償で貸す債務が生じないという不合理な結論が生じてしまう。以上から、現代社会においては、目的物の引渡し前でも、使用貸借に契約の拘束力を認める必要があるので、使用貸借を諾成契約とする必要がある。

なお、諾成契約としての使用貸借については、現行民法下においても有効と解されているが、民法第593条は強行法規であるとして諾成契約としての使用貸借を否定する学説も存在するので、使用貸借を諾成契約として明文化することは、解釈上の疑義を解消するという意味もある。また、今般の民法改正では、要物契約である消費貸借についても諾成契約に改正する予定であるので、使用貸借を諾成契約とすることは、消費貸借との平仄も合ったものになる。」

Q39 賃借人が多額の保証金を賃貸人に預託していた場合、オーナーチェンジがあると免責的債務引受がなされますが、その要件が変わりますか。

免責的債務引受の要件はどう変わりますか？

5つのチェック項目でまとめてみました。

A39

　収益物件の買主と賃借人間で免責的債務引受（保証金の返還義務を買主が引き受け、売主（元の賃貸人）の返還義務を免除する合意）をすれば、その旨を売主（元の賃貸人）に通知すれば引受の効果が生じることになります。その結果、元の賃貸人の返還義務は消滅します。

【免責的債務引受の成立】
1．免責的債務引受の成立
（1）債権者と引受人との契約による免責的債務引受
　　債権者と引受人との契約による免責的債務引受の成立について、次のような規律を設けるものとする。
　ア　免責的債務引受の引受人は債務者が債権者に対して負担する債務と同一の内容の債務を負担し、債務者は自己の債務を免れる。
　イ　免責的債務引受は、債権者と引受人となる者との契約によってすることができる。この場合において、免責的債務引受は、債権者が債務者に対してその契約をした旨を通知した時に、その効力を生ずる。
（2）債務者と引受人との契約による免責的債務引受債務者と引受人との契約による免責的債務引受の成立について、次のような規律を設けるものとする。
　　免責的債務引受は、債務者と引受人となる者が契約をし、債権者が引受人となる者に対して承諾をすることによってもすることができる。
2．免責的債務引受による引受の効果
　　免責的債務引受による引受の効果について、次のような規律を設けるものとする。
（1）免責的債務引受の引受人は、債務者に対して求償権を取得しない。

(2)　引受人は、免責的債務引受により負担した自己の債務について、その効力が生じた時に債務者が主張することができた抗弁をもって債権者に対抗することができる。

　(3)　債務者が債権者に対して取消権又は解除権を有するときは、引受人は、免責的債務引受がなければこれらの権利の行使によって債務者がその債務の履行を免れることができた限度において、債権者に対して債務の履行を拒むことができる。

3．免責的債務引受による担保権等の移転

　免責的債務引受による担保権等の移転について、次のような規律を設けるものとする。

　(1)　債権者は、2(1)アの規定により債務者が免れる債務の担保として設定された担保権を引受人が負担する債務に移すことができる。ただし、引受人以外の者がこれを設定した場合には、その承諾を得なければならない。

　(2)　(1)の規定による担保権の移転は、あらかじめ又は同時に引受人に対してする意思表示によってしなければならない。

　(3)　(1)及び(2)の規定は、2(1)アの規定により債務者が免れる債務の保証をした者があるときについて準用する。

　(4)　(3)の場合において、(3)において準用する(1)の承諾は、書面でしなければ、その効力を生じない。

　(5)　(4)の承諾がその内容を記録した電磁的記録によってされたときは、その承諾は、書面によってされたものとみなして、(4)の規定を適用する。

チェック1　債権者（賃借人）と引受人（買主）との合意によって免責的債務引受が成立するとした上で、債権者又は引受人が債務者（売主である元賃貸人）に対して合意の成立を通知することによって、免責的債務引受の効果が生ずることとするものである。（法務当局解説要旨　部会資料67Ａ、36頁）

　免責的債務引受の効果として、引受人は債務者が債権者に対して負担する債務と同一の債務を負担し、債務者は自己の債務を免れるという点については異論がない。このような最も基本的な効果については、条文上明確にする必要がある。債権者と引受人との合意によって免責的債務引受が成立するとした上で、債権者又は引受人が債務者に対して合意の成立を通知することによって、免責的債務引受の効果が生ずることとするものである。この規律は、従来の実務を変更するものである。債務者の意思に反しないことを要件としていないことについては、取引上の障害を解消することとともに、免除の規律との整合性を図ることを意図するものである。

チェック2　引受人（買主）と債権者（賃借人）による免責的債務引受の場合、従前の規律を改め、通知で足りるとした理由（部会資料67Ａ、37頁）

　引受人と債権者との契約による免責的債務引受の場合、債務者に対する通知を効力発生要件としているのは、免除もその意思表示が債務者に到達することが必要であるのと同様に、債務者が知らないうちに契約関係から離脱することになるのを防止する趣旨であるが、そのためには債務者に対する通知があれば足り、中間試案（注）のように、債権者による意思表示まで要求する必要はないということを考慮したものである。

（注）中間試案

　免責的債務引受は、引受人が上記（1）の債務を引き受けるとともに債権者が債務者の債務を免責する旨を引受人と債権者との間で合意し、債権者が債務者に対して免責の意思表示をすることによってするものとする。この場合においては、債権者が免責の意思表示をした時に、債権者の引受人に対する権利が発生し、債務者は自己の債務を免れるものとする。

チェック3　引受人と債務者の合意による免責的債務引受の場合、免責的債務引受の効力発生時期について、債権者の承諾があった時点とするものである。（法務当局解説要

旨67A、37頁）

　効力発生時期を合意の時点に遡及させることには、合意の成立から債権者の承諾までの間に、免責的債務引受によって消滅する債権者の債務者に対する債権を差し押さえた第三者の差押えの効力が必ずしも明確ではなくなるなど、法律関係を不明確にしているという問題があるほか、債権者の承諾の意思表示を契約の成立要件として位置付ける以上、その効力発生時点は承諾があった時点とすることが相当であると考えられるからである。

チェック4 免責的債務引受によって求償できないという規定は、引受けの対価の支払の合意をすることができるほか、その合意について委任の規定が適用される場合には、これによって債務相当額を請求することも妨げるものではない（法務当局解説要旨　部会資料67A、39頁）。

　3(1)は、免責的債務引受によって、引受人は債務者に対して求償することができないこととするものである。このような規定を設けるのは、上記のとおり、引受人が他人の債務を自己の債務とした上で債務を履行するのが免責的債務引受であり、それ自体には求償関係を発生させる基礎を欠いていることを根拠とするものである。すなわち、この規定は創設的な意味を持つものではなく、事務管理又は不当利得に基づく求償をすることができないということを確認する規定である。このような規定を設けたとしても、債務者と引受人との間で、引受けの対価の支払の合意をすることができるほか、その合意について委任の規定が適用される場合には、これによって債務相当額を請求することも妨げられない（民法第649条、第650条）。また、引受人と債務者との間の合意がない場合であっても、併存的債務引受をした上で債権者が債務者の債務のみを免除するという方法や、債務引受ではなく（債務者の委託を受けない）保証契約を締結する方法によれば、引受人が債務者に対して求償することが可能となる。

チェック5「3(1)免責的債務引受の引受人は、債務者に対して求償権を取得しない。」の規律に対して、パブリックコメントで寄せられた懸念について（法務当局解説要旨　部会資料67A、39頁）

　パブリックコメントでは、3(1)のような規律を設けることに反対する意見も寄せられている。反対する意見の中には、この規律によって、引受人が債務者に対して免責的債務引受の対価を支払うという取引実務の障害となることを懸念するものがあったが、上記のとおり、引受人と債務者との合意による対価の支払を否定する趣旨ではなく、そのことを表すために「求償することができない」という表現を用いている。また、求償権が発生しないという規律が免責的債務引受の当事者の合理的意思に合致しないのではないかという意見もあったが、上記のように求償権を発生させる方法が他に用意されている一方で、免責的債務引受はもとの債務者に代わって引受人だけが債務者となるための制度として明文化されるのであるから、あえて免責的債務引受を選択する場合は、引受人が当該債務を自己の債務として履行し、求償権を発生させない趣旨であると考えるのがむしろ当事者の意思に合致するように思われる。

Q40 賃貸人から賃借人に対する損害賠償請求権に関する期間制限（民法第621条、第600条関係）に関する改正の内容について教えて下さい。

賃貸人の損害賠償の請求権は？

第600条
第621条をもとに
解説します。

A40

> 民法第621条が準用する同法第600条に規定する損害賠償の請求権については、賃貸人が返還を受けた時から１年を経過するまでの間は、時効は、完成しない。

　民法第621条（同法第600条の準用）は、「契約の本旨に反する使用又は収益によって生じた損害の賠償及び借主が支出した費用の償還は、貸主が返還を受けた時から１年以内に請求しなければならない。」と規定していますが、賃借人の用法違反による賃貸人の損害賠償請求権は、賃貸人が賃貸物の返還を受けた時から起算される１年の除斥期間（民法第621条、第600条）（素案(1)参照）のほかに、賃借人が用法違反をした時から起算される10年の消滅時効（民法第167条第１項）にも服するとされています。

> 現民法第600条（損害賠償及び費用の償還の請求権についての期間の制限）
> 　契約の本旨に反する使用又は収益によって生じた損害の賠償及び借主が支出した費用の償還は、貸主が返還を受けた時から１年以内に請求しなければならない。
> 現民法第621条（損害賠償及び費用の償還の請求権についての期間の制限）
> 　第600条の規定は、賃貸借について準用する。

　そうだとすると、長期にわたる賃貸借においては、賃借人が用法違反をした時から10年経過してもなお、賃貸借契約が存続しており、消滅時効が完成してしまうことがあります。しかし、賃貸人は賃貸物の状況を把握することが困難なため、賃貸人が賃借人の用法違反の事実を知らない間に消滅時効が進行し、賃貸人が賃貸物の返還を受けた時には既に消滅時効が完成しているといった不都合な事態が生じ得るので、このような事態

を解消するため、賃借人の用法違反による賃貸人の損害賠償請求権に関する消滅時効（民法第167条第1項）について、新たな停止事由を定めることとし、素案(1)の1年の除斥期間内は、消滅時効が完成しないこととするものです。また、素案の段階では、賃借人の費用償還請求権（同法第608条）と同様の法的性格を有する他の費用償還請求権（例えば同法第196条、第299条等）についてはこのような期間制限がなく、賃借人の費用償還請求権についてのみ期間制限を設ける必要性、合理性は乏しいと言われているので、素案(3)は、賃借人の費用償還請求権についての除斥期間の定めを撤廃するとされていましたが、今回の要綱では、賃貸人と賃借人の間の利益の均衡を失しているとの問題があることを考慮し、取り上げないこととしたとしています（**法務当局解説要旨 部会資料69A、61頁参照**）。

> **参考（素案段階の規定）**
> 　素案では、民法第621条（同法第600条の準用）の規律を次のように改めるものとするとしていました。
> (1)　契約の趣旨に反する使用又は収益によって生じた損害の賠償は、賃貸人が賃貸物の返還を受けた時から1年以内に請求しなければならない。
> (2)　上記(1)の損害賠償の請求権については、賃貸人が返還を受けた時から1年を経過するまでの間は、消滅時効は、完成しない。
> (3)　賃借人が支出した費用の償還請求権に関する期間制限の部分を削除するものとする。

コラム23

媒介契約の性質は？

　媒介契約の法的性質については従前、民事仲立、商事仲立、準委任等の説があり、今回の改正論議の中でも定義化が検討されましたが、結局、媒介に関する定義は見送られました。しかし、定義化が見送られた理由は、「準委任であることは明らかである。」との理由でしたので（部会資料17－2第3、2(2)［31頁］）、今後の媒介実務が論議される際に影響があると思います。準委任の場合には、善管注意義務や忠実義務（受任者又は第三者と委任者との利害が対立し得る状況で、受任者は受任者自身又は第三者の利益を優先してはならない義務。部会資料46、49頁）が問題とされます。忠実義務については明文化が見送られましたが、いずれにしても、例えば、両手の媒介のように契約当事者双方から媒介の依頼を受ける場合などには、双方の当事者との間できちんと媒介契約を締結したり、一方の利益に偏することのないようにするなどの義務が従前に増して要求されるようになると思われます。業界をあげた留意が必要です。

Q41 駐車場契約のような継続的契約においては正当事由がなければ更新拒絶できない、あるいは期間の定めがない場合に解約を制限する規律が検討されていましたがどうなりましたか。

A41

　取り上げない論点になりました。
（法務当局解説要旨　部会資料70Ａ、67頁）
　パブリックコメントの手続きでは、①適用範囲が不明確であり取引実務が混乱するおそれがあること、②継続的契約の解消の可否について具体的な基準を示した最高裁判例もなく明文化は時期尚早であること、③継続的契約は多様であり一律に適用される規定を設けるべきではないこと、④期間の定めがある契約の場合は期間満了によって契約が終了すると考えるのが契約当事者の意思であることなどを理由として、反対する意見が寄せられており、これらを踏まえ、継続的契約の論点については取り上げないこととされました。

Q42 将来債権の譲渡が明文化されたとのことですが、収益物件の将来の賃料債権の全部をXに譲渡した後で、その収益物件をYに譲渡した場合、Yは賃料債権を取得できないのですか。

将来賃料の譲渡については？

2つの案の対立がありました。ご紹介をしておきます。

A42

　Yは、取得できないとの結論になりそうです。この問題については、条文をどのように明記するか甲案・乙案の対立がありました。すなわち、

【甲案】
　次のような規律を設けるものとする。
(1)　債権が譲渡された場合において、その意思表示の時に債権が現に発生していないときは、譲受人は、発生した債権を当然に取得する。
　譲渡人又は債務者から当該債権に係る契約上の地位が第三者に移転した後に発生した債権についても、同様とする。
(2)　不動産の賃料債権が譲渡された場合において、その意思表示の時に賃料債権が現に発生していないときは、譲受人は、(1)後段の規定にかかわらず、譲渡人から賃貸借契約上の地位が第三者に移転した後に発生した賃料債権を取得することができない。

【乙案】
　次のような規律を設けるものとする。
　債権が譲渡された場合において、その意思表示の時に債権が現に発生していないときは、譲受人は、発生した債権を当然に取得する。
　譲渡人又は債務者から当該債権に係る契約上の地位が第三者に移転した後に発生した債権についても、同様とする。

（法務当局解説要旨　部会資料81B、8頁以下）
　賃貸借そのものの問題ではありませんが、**将来債権譲渡に関係して「収益物件の将来**

の賃料譲渡と収益物件の譲受人の賃料請求権との関係が問題になります。将来債権譲渡の効力については、公序良俗の観点からの限界の他、譲渡人の地位の変動に伴う限界があるという見解があり、これは、将来債権譲渡の効力は、譲渡人の処分権の範囲内でのみ及ぶものであって、将来債権（賃料）の譲渡後に、譲渡人以外の者と債務者（賃借人）との間で締結された契約により発生した債権（賃料）については、譲渡人の処分権が及ばないという意味で、将来債権譲渡の効力に限界があるというものです。そのような見解に基づいて、要綱仮案（原案）において、一つの案（甲案）として、「不動産の賃料債権が譲渡された場合において、その意思表示の時に賃料債権が現に発生していないときは、（賃料債権の）譲受人は、(1)後段の規定にかかわらず、譲渡人から賃貸借契約上の地位が第三者に移転した後に発生した賃料債権を取得することができない。」が提案されていましたが、最判平成10年3月24日民集52巻2号399頁が、将来発生する不動産賃料債権が差し押さえられた後に、当該不動産が譲渡され、賃貸人たる地位が移転した場合であっても、差押えの効力が不動産の譲受人の下で発生する賃料債権に及ぶとしたように、現在は、将来発生する不動産の賃料債権が譲渡された場合には、その後に不動産が他の第三者に譲渡されると、譲渡人から移転した契約上の地位に基づき発生する債権に将来債権譲渡の効力が及ぶという見解が有力であること、また、賃料債権の前払いについても、賃料債権の譲受人に対抗することができると解されていること（最判昭和38年1月18日民集17巻1号12頁）等を根拠として、要綱では甲案は採用されず、そのような制限のない乙案、すなわち、「債権が譲渡された場合において、その意思表示の時に債権が現に発生していないときは、譲受人は、発生した債権を当然に取得する。譲渡人又は債務者から当該債権に係る契約上の地位が第三者に移転した後に発生した債権についても、同様とする。」との規定が採用されましたので、将来の賃料を譲渡された収益物件の譲受人は賃料債権を取得できないとの結論になるでしょう。今後、収益物件を仲介するに当たっては、将来の賃料が譲渡されていないか、譲渡人や収益物件の賃借人に対し、十分調査する必要があります。また、Yが将来の賃料債権は譲渡されていないとの前提で収益物件を取得した場合には、錯誤に基づく取消、契約不適合に基づく請求を検討することになるでしょう。

コラム24

法制審議会

　法制審議会（ほうせいしんぎかい）は、日本の法務省に設置された審議会等の一つです。法務大臣の諮問に応じて、民事法、刑事法その他法務に関する基本的な事項を調査審議すること等を目的とします。

Q43 賃貸借に関するその他の改正点をまとめて下さい。

賃貸借についての改正点をまとめて下さい。

いくつかの項目にわけてまとめてみました。

A43

ポイント1　賃借人の目的物返還債務の明記

賃貸借の成立要件の中に賃借人の目的物返還債務を追加しました。

賃貸借の規定の中に、賃借人の目的物返還債務が必ずしも明示的に規定されていませんでした。そこで、要綱では、「賃貸借は、当事者の一方がある物の使用及び収益を相手方にさせることを約し、相手方がこれに対してその賃料を支払うこと及び引渡しを受けた物を契約が終了したときに返還することを約することによって、その効力を生ずる。」と明記しています。

ポイント2　不動産の賃借人による妨害排除請求権

不動産の賃借人は、賃貸借の登記をした場合又は借地借家法その他の法律が定める賃貸借の対抗要件を備えた場合、当該第三者に対して次の請求ができます。
・当該不動産の占有を第三者が妨害しているとき⇒妨害の停止の請求
・当該不動産を第三者が占有しているとき⇒返還の請求

ポイント3　減収による「賃料の減額請求」

要綱では、「耕作又は牧畜を目的とする土地の賃借人は、不可抗力によって賃料より少ない収益を得たときは、その収益の額に至るまで、賃料の減額を請求することができる。」と明記しています。

ポイント4　転貸の効果

転貸の効果については、判例、学説の考えを明確にしました。
(1) 賃借人が適法に賃借物を転貸したときは、転借人は、賃貸人と賃借人との間の賃貸

借に基づく賃借人の債務の範囲を限度として、賃貸人に対して転貸借に基づく債務を直接履行する義務を負う。この場合においては、転貸借契約に定めた当期の賃料を前期の賃料の弁済期以前に支払ったことをもって賃貸人に対抗することができない。
(2) (1)の規定は、賃貸人が賃借人に対してその権利を行使することを妨げない。（民法第613条第2項と同文）
(3) 賃借人が適法に賃借物を転貸した場合には、賃貸人は、賃借人との間の賃貸借を合意により解除したことをもって転借人に対抗することができない。ただし、その解除の当時、賃貸人が賃借人の債務不履行による解除権を有していたときは、この限りでない。

ポイント5　賃借物の「全部滅失等による賃貸借の終了」
賃借物の「全部滅失等による賃貸借の終了」については、判例に従い、「賃借物の全部が滅失その他の事由により使用及び収益をすることができなくなった場合には、賃貸借は、これによって終了する。」と明記されました。

コラム25

不安の抗弁権

不安の抗弁権とは、相手方の信用リスクや、相手側の契約の履行能力に不安を感じた当事者が、相手方に対して有する権利です。不安の抗弁権は、法律に規定されているものではありませんが、これまで多くの判例が認めてきている権利です。不安の抗弁権とは、具体的には、相手の信用状態などが不安な状況になった場合、先に履行しなくてはならない債務の履行を拒絶（抗弁）することができる権利とされています。

この権利は、学説、判例で認められている権利ですが、従前、明文がないため、場合によっては、債務不履行となる可能性もあるので、その要件を明文化すべく検討が続けられたわけです。しかしながらコンセンサスが困難ということから明文化は見送られました。

錯誤に関する規定はどうなりますか。

錯誤については？

改正された要点をまとめました。

A44

　錯誤については、意思と表示は一致しているが、そもそもの動機で勘違いしている場合のいわゆる「動機の錯誤」が新たに明文化されましたが、相手方の表示等で錯誤に陥るいわゆる「不実表示」を錯誤とする規定の明文化は見送られました。ただし、明文化された動機の錯誤の要件でも不実表示による錯誤は主張し得るという説が根強くありますから（部会資料83－2、1頁）、今後も目が離せません。

　また、現行法では錯誤ある意思表示の効力は無効とされていますが、要綱では、これを取消しできる意思表示に変更されました。取消としたことに伴い、錯誤取消の効果も、「善意でかつ過失がない第三者に対抗できない」ことになります。また、無効は、誰でもいつまでも主張できるのが原則ですが、改正後は、錯誤は、錯誤による意思表示をした人、又はその代理人若しくは承継人に限り、取り消すことができることになります（現民法121条）。また、取消権になると、民法第126条が適用されることになり、「取消権は、追認をすることができる時から5年間行使しないときは、時効によって消滅する。行為の時から20年を経過したときも、同様とする。」ことになります。

（法務当局解説要旨　部会資料79B、1頁・83－2、1頁）
(1)「当該事情が法律行為の基礎とされていることが表示されていたとき」という文言は、動機の錯誤に関する規律を明記するものである。

　この点については、単に当該事情が動機（理由）であると表示されているだけでは足りないと判示する判例があること等をも考慮し、「法律行為の基礎とされていることが表示されていた」との表現を用いている。「表示されていた」とは、積極的な表示がなくても黙示的な表示が認定される場合があることを含意しており、この点に関する従来

の判例実務を踏襲する趣旨である。

(2) 他方で、従前の甲案の「相手方の行為によって当該錯誤が生じたとき」という要件については、これを取り上げていない。

これを独立の要件として設けるかどうかについては、この部会における長い議論の経緯があったところであるが、依然として意見の対立が解消するには至っていない。今回は、従前の甲案の「相手方の行為によって当該錯誤が生じたとき」という要件を削除した案を提示することとした。

ポイント ●「不実表示」の主張は、今後も錯誤の動機の錯誤の規定を通して主張される余地がある。

コラム 26

告知書に不実表示があった場合の特約による対応

今後、「不実表示」の主張は、動機の錯誤の規定を通して主張される余地があることは留意すべきです。この点に関連して、現在、不動産の売買では、売主に告知書を書いてもらい、買主に交付することが一般的になっていますが、そこに誤りがあった場合に、錯誤取消という大ごとにならないよう、次のような一文を入れておくべきではないでしょうか。特に、売主が消費者の場合は、有用かと思います。

「本告知書の告知内容は、売主（告知者）の記憶に基づいて誠実に記載したものであるが、本件物件に関しては専門家による調査・検査は実施しておらず、事実と異なる場合があることを買主はあらかじめ容認するものであり、告知内容が事実と異なることをもって、買主は売主に対し、錯誤取消、損害賠償等の法的請求をなし得ないことを確認する。」

不動産取引の周辺の制度に関する改正点をまとめてみました。

第1　贈与

ポイント1　「他人物贈与」の有効性

他人に所有権のある財産を贈与する契約を当然有効としました。

ポイント2　書面によらない贈与の「解除」

書面によらない贈与は「撤回」することができるとの規定を「解除」することができると改正されました。これにより、意味や効果が変わるものではありません。

ポイント3　贈与者の責任

・贈与の無償性を考慮して贈与者の責任を軽減するという現民法第551条第1項の実質的な規律内容は維持する
・契約に適合したものの移転等をすることが贈与者の債務の内容となる
　という2点の調和を図るために
「贈与者は、贈与の目的である物又は権利を、贈与の目的として特定した時の状態で引き渡し、又は移転することを約したものと推定する。」と改訂されます。「贈与の目的として特定した時の状態」とは、特定物贈与においては贈与契約の時の状態であり、種類物贈与においては目的が特定（確定）した時の状態を意味します。

ポイント4　「他人物贈与者」の責任

他人物贈与の贈与者の責任については財産取得義務を負うか否かについては契約の趣旨によって決まるので、特に規定は設けられませんでした。

第2　消費貸借

ポイント1　書面による「諾成的消費貸借契約」を明文化

消費貸借契約の締結に金銭の受領を必要としていたのを（要物契約）、要物契約に加

え、書面を作成して「受け取った物と種類品質および数量の同じ物をもって返還する合意」をすることにより効力を生じる（諾成契約）ことがみとめられました。

　諾成契約に書面性を要求したのは、要物契約と諾成契約とが併存するとすれば、当事者の合意のみがある場合に、それが要物契約の前提としての合意にとどまるのか、直ちに契約を成立させる諾成契約としての合意なのかが判然としないという問題が生ずるとの指摘があるためです。

ポイント2　インターネットを利用した「電磁的記録」も書面による取引として有効

　インターネット等を利用した電磁商取引等を行う機会がますます増大している近時の状況を反映し、消費貸借契約が電磁的記録方法によってされたときであっても、契約上の義務を負う意思が外部的にも明らかになっている場合に限りその法的拘束力を認めるというものです。

ポイント3　書面でする消費貸借契約の「借主からの解除」

⑴　書面でする消費貸借の借主は、「貸主から金銭その他の物を受け取るまで、契約の解除をする」ことができます。この場合、貸主は、その契約の解除によって損害を受けたときは、借主に対し、損害賠償を請求することができます。

⑵　今後の影響等

　損害の内容としては、貸付金の調達コスト等のいわゆる積極損害が考えられるとされています。例えば消費者金融の場面を想定すると、貸主である消費者金融業者は一般に多数の小口貸付けを行っているため、借主が受領を拒否した金銭を他の顧客に対する貸付けに振り向けること等によって特段の損害が生じないことも多いと考えられるとし、また、事前に賠償額の予定がされていることもあり得るが、それが過大である場合には民法第90条や不当条項規制の問題として処理され、消費者が借り手の場合には消費者契約法第9条により処理されると考えられるので、弊害はないというのが法務当局の見解です。

　しかし、実際の実務における消費者金融業者等の乱用が懸念されています。

ポイント4　当事者の破産による「書面でする消費貸借契約の失効」

　書面でする消費貸借契約は、借主が貸主から金銭その他の物を受け取る前に当事者の一方が破産手続開始の決定を受けたときは、その効力を失います。

　なお、当事者の一方が再生手続開始又は更生手続開始の決定を受けた場合に関する規律は、民事再生法第49条又は会社更生法第61条の解釈に委ねることとしています。

　これに伴い、消費貸借の予約を規定する「消費貸借の予約は、その後に当事者の一方が破産手続開始の決定を受けたときは、その効力を失う。」（現民法589条）は削除されます。今般の改正において目的物の交付前にも消費貸借が諾成的に成立することを明文化することによって、要物契約としての消費貸借の予約は実質的に存在意義を失うからです。

ポイント5　準消費貸借に関する現民法第588条から「消費貸借によらないで」との文言が削除

　判例は、消費貸借に基づく返還債務を旧債務とする準消費貸借を認めているので、この判例と抵触している「消費貸借によらないで」との文言は削除されます。なお、準消費貸借は、諾成的な消費貸借とは異なり、契約に基づく目的物の引渡しを予定していないため、目的物の引渡しに代えて書面を要求することにより軽率な消費貸借の締結を防ぐという趣旨が妥当しないと考えられるため、準消費貸借については書面を要求していません。

ポイント6　消費貸借契約に伴う「利息」に関する規律の新設

　消費貸借契約に伴う利息について、要綱では、「⑴　貸主は、特約がなければ、借主に対して利息を請求することができない。」という規定を新設しました。

　利息の発生日については、元本の受領日から生ずるという判例法理があり、利息は元本利用の対価であることから受領日から生ずるという判例法理は合理的であること、ま

た、これは金銭以外の目的物の消費貸借にも妥当することから、「(2) (1)の特約があるときは、貸主は、借主が金銭その他の物を受け取った日以後の利息を請求することができる。」と規定しています。

ポイント7　貸主の担保責任
　要綱では、売買や贈与に関する担保責任の規律が整理されましたが、それと整合性を図るべく消費貸借における担保責任も下記のとおり整理されました。
(1)　利息付消費貸借契約には、売買の契約不適合責任が準用（民法第559条）。
(2)　無利息の消費貸借については、贈与者の担保責任の規定が準用（同第551条）。
(3)　利息の有無にかかわらず、引き渡された物が種類又は品質に関して契約の内容に適合しないものであるときは、借主は、その物の価額を返還することができる。

ポイント8　期限前弁済に関する規律の明確化
　期限前弁済について、要綱は次のように規定しました。
(1)　借主は、期限の有無にかかわらずいつでも返還をすることができる。
(2)　当事者が返還の時期を定めた場合において、借主がその時期の前に返還をしたことによって貸主に損害が生じたときは、貸主は、その損害の賠償を請求することができる。

　なお、期限前弁済によって貸主に生じた損害の有無及びその額については、従前どおり個々の事案における解釈・認定に委ねることとすると説明されています。

> ≪コメント≫
> 　損害の内容について、従来は、約定の返還時期までに生ずべきであった利息相当額であると説明されることが多かったと言われています。もっとも、期限前弁済を受けた貸主は、その期限前弁済によって受領した金銭等を他に貸し付けるなどすることによって利益を得ることができるのであるから、この場合における貸主の損害の内容は、約定の返還時期までに生ずべきであった利息相当額から上記の再運用等による利益を控除した額とすべきであるとの指摘があり、他方、利息は信用供与の対価であるから実際に元本を利用している間にのみ生ずるものであり、弁済がされた以降は信用供与がないのであるから、期限前弁済によって貸主に生じた損害の内容を考えるに当たっては、約定の返還時期までに生ずべきであった利息相当額を基礎とするのではなく、貸付金の調達コスト等のいわゆる積極損害を基礎とすべきであるとの指摘もあります。要綱(2)は、以上の議論を踏まえつつ、損害の有無及びその額については、従前どおり個々の事案における解釈・認定に委ねることとするものです。

第3　使用貸借
ポイント1　使用貸借の成立の「諾成契約化」
　要綱は、「使用貸借は、当事者の一方がある物を引き渡すことを約し、相手方が受け取った物について無償で使用及び収益をして契約が終了したときに返還をすることを約することによって、その効力を生ずる。」として使用貸借を諾成契約とするものです。
　現代社会においては、「目的物の引渡し前でも、使用貸借に契約の拘束力を認める必要があるので、使用貸借を諾成契約とする必要がある。」というのが改正の理由です。
　使用貸借に基づく目的物の引渡し前に当事者の一方が破産手続開始、再生手続開始又は更生手続開始の決定を受けた場合の処理に関しては、特段の規定を設けずに破産法第53条、民事再生法第49条、会社更生法第61条の解釈に委ねることとしています。

> ≪コメント≫
> 　この点に関し、法務当局解説要旨は、「使用貸借が要物契約とされている理由は、もっぱらローマ法時代からの沿革によるものであるとか、無償契約としての恩恵的な性格を有するためであるなどと説明されている。従来、使用貸借は、親族等の情誼的な関

係によるものが多かったと考えられるが、現代社会においては、そのような情義的な関係によるものだけではなく、経済的な取引の一環として行われることも多くなっており、目的物が引き渡されるまで契約上の義務が生じないのでは取引の安全が害されてしまう。また、民法制定時に比べ、全国にわたる転勤や海外転勤が増えている現代社会においては、例えば、会社員が勤務会社との間で使用貸借として住宅を無償で借りる約束をして遠方へ転勤したところ、勤務会社が住宅を提供しなかったという事案において、使用貸借は要物契約であることから勤務会社には無償で貸す債務が生じないという不合理な結論が生じてしまう。以上から、現代社会においては、目的物の引渡し前でも、使用貸借に契約の拘束力を認める必要があるので、使用貸借を諾成契約とする必要がある。なお、諾成契約としての使用貸借については、現行民法下においても有効と解されているが、民法第593条は強行法規であるとして諾成契約としての使用貸借を否定する学説も存在するので、使用貸借を諾成契約として明文化することは、解釈上の疑義を解消するという意味もある。また、今般の民法改正では、要物契約である消費貸借についても諾成契約に改正する予定であるので、使用貸借を諾成契約とすることは、消費貸借との平仄も合ったものになる。」としています。

ポイント2　使用貸借の終了時期の明確化
　使用貸借の終了時期が明確化されます。
(1)　当事者が使用貸借の期間を定めたときは、使用貸借は、その期間が満了することによって終了する。
(2)　当事者が使用貸借の期間を定めなかった場合において、使用及び収益の目的を定めたときは、使用貸借は、借主がその目的に従い使用及び収益を終えることによって終了する。
(3)　使用貸借は、借主の死亡によって終了する。
と規定しています。

ポイント3　使用貸借の「解除」
　要綱は、使用貸借の終了の場面の規律を契約の当然終了と契約の解除の場面に分けて提示するのが適当であるとし、解除について
(1)　貸主は、借主が借用物を受け取るまで、契約の解除をすることができる。
　　ただし、書面による使用貸借については、この限りでない。
(2)　当事者が使用貸借の期間を定めなかった場合において、使用及び収益の目的を定めた場合において、その目的に従い借主が使用及び収益をするのに足りる期間を経過したときは、契約を解除することができる。
(3)　当事者が使用貸借の期間並びに使用及び収益の目的を定めなかったときは、貸主は、いつでも契約の解除をすることができる。
(4)　借主は、いつでも契約の解除をすることができる。
と規定しています。

ポイント4　使用貸借終了後の収去義務及び原状回復義務の明文化
１．使用貸借終了後の収去義務及び原状回復義務の明文化が図られます。
(1)　借主は、借用物を受け取った後にこれに附属させた物がある場合において、使用貸借が終了したときは、その附属させた物を収去する義務を負う。ただし、借用物から分離することができない物又は分離するのに過分の費用を要する物については、この限りでない。
(2)　借主は、借用物を受け取った後にこれに附属させた物を収去することができる。
(3)　借主は、借用物を受け取った後にこれに生じた損傷がある場合において、使用貸借が終了したときは、その損傷を原状に復する義務を負う。ただし、その損傷が借主の責めに帰することができない事由によるものであるときは、この限りでない。
２．収去義務が及ぶ附属物の範囲

収去義務が及ぶ附属物の範囲については、つぎのとおりです。
① 誰の所有物が附属されたかにかかわりなく、借主が目的物を受け取った後にこれに附属された物については、借主が収去義務を負う
② 附属物を分離することができない場合や、附属物の分離に過分の費用を要する場合（壁に塗られたペンキや、壁紙・障子紙など）については、借主は収去義務を負わない

3．使用貸借と通常損耗

使用貸借の場合、賃貸借の場合とは異なり、通常損耗の回復が原状回復義務に含まれるかどうかについては、個々の使用貸借契約の趣旨によって様々であると考えられることから、合意がない場合を補う任意規定は置かないこととしています。

　　賃貸借　⇒　通常損耗が生ずることを前提に減価償却費や修繕費等の必要経費を折り込まれた額の賃料の支払
　　　　　　　賃借人が通常損耗の回復義務をも負うとすると賃借人にとって予期しない特別の負担を課されることになることから、原則として賃借人は通常損耗の回復義務を負わないと解するべき
　　使用貸借　⇒　賃料支払義務がない
　　　　　　　「無償で借りる以上は借主が通常損耗も全て回復する」という趣旨の場合がある一方、「無償で貸すということは貸主がそれによって生じた通常損耗も全て甘受する」という趣旨であることもあり、通常損耗について原状回復義務が及ぶか否かは、個々の使用貸借契約の趣旨によって様々である。

ポイント5　用法違反による損害賠償請求に関する時効の「完成猶予」

現民法第600条は、「契約の本旨に反する使用又は収益によって生じた損害の賠償及び借主が支出した費用の償還は、貸主が返還を受けた時から1年以内に請求しなければならない。」と規定しています。ところで、今般の改正で消滅時効制度の見直しが予定されており、債権者が「権利を行使できることを知った時」という主観的な時効期間の起算点が導入される一方、貸主が借主の用法違反により損害賠償請求権を行使できることを知らなかったとしても、実際に用法違反による損害が生じて損害賠償請求権を行使できる時から10年間を経過すれば消滅時効が完成してしまうことになります（民法第167条第1項）。そこで、要綱では、「民法第600条に次の規律を付け加えるものとする。民法第600条の損害賠償の請求権については、貸主が返還を受けた時から1年を経過するまでの間は、時効は、完成しない。」と規定することになっています。

第4　請負

ポイント1　仕事を完成することができなくなった場合等の「報酬請求権」

要綱では、次に掲げる場合において、請負人が既にした仕事の結果のうち可分な部分の給付によって注文者が利益を受けるときは、その部分を仕事の完成とみなす。この場合において、請負人は、注文者が受ける利益の割合に応じて報酬を請求することができる。
(1) 注文者の責めに帰することができない事由によって仕事を完成することができなくなったとき。
(2) 請負が仕事の完成前に解除されたとき。
と規定されます。

「注文者の責めに帰することができない事由によって仕事を完成することができなくなったとき」とは、当事者双方の責めに帰することができない事由によって履行不能となった場合及び請負人の責めに帰すべき事由によって履行不能となった場合を指します。

ポイント2　「仕事の目的物が契約の内容に適合しない場合」の請負人の責任

売買契約に関する契約不適合責任の規定を請負契約を含む有償双務契約の包括的な規定として準用することを理由として、現民法第634条、第635条は削除するとされています。

この結果、建築請負契約についても契約の解除が認められる可能性がでてくるわけですが、その理由は、契約の解除を認めないのは、現在では現実的でなく、また、注文者に酷な結果となるし、更に、解除を認める方が、建築請負の目的物に重大な瑕疵があるために建て替えざるを得ない場合には、注文者は建替費用相当額の損害賠償を請求することができるとした最高裁判決（最判平成14年9月24日判時1801号77頁）の趣旨にも合致するためと説明されています。

> **（参考）**
> 現民法第634条（請負人の担保責任）
> 1　仕事の目的物に瑕疵があるときは、注文者は、請負人に対し、相当の期間を定めて、その瑕疵の修補を請求することができる。ただし、瑕疵が重要でない場合において、その修補に過分の費用を要するときは、この限りでない。
> 2　注文者は、瑕疵の修補に代えて、又はその修補とともに、損害賠償の請求をすることができる。この場合においては、第533条の規定を準用する。
> 現民法第635条
> 　仕事の目的物に瑕疵があり、そのために契約をした目的を達することができないときは、注文者は、契約の解除をすることができる。ただし、建物その他の土地の工作物については、この限りでない。
> 　第634条・第635条の削除に伴い、請負人の担保責任に関する規定の不適用に関する現民法第636条は、「請負人が種類又は品質に関して契約の内容に適合しない仕事の目的物を注文者に引き渡したとき（その引渡しを要しない場合にあっては、仕事が終了した時に仕事の目的物が種類又は品質に関して契約の内容に適合しないとき）は、注文者は、注文者の供した材料の性質又は注文者の与えた指図によって生じた不適合を理由とする履行の追完の請求、報酬の減額の請求、損害賠償の請求及び契約の解除をすることができない。ただし、請負人がその材料又は指図が不適当であることを知りながら告げなかったときは、この限りでない。」と改訂されます。

ポイント3　仕事の目的物が契約の内容に適合しない場合の注文者の権利の期間制限（民法第637条関係）の改訂

　注文者がその不適合を知った時から1年以内にその旨を請負人に通知しないときは、注文者は、その不適合を理由とする履行の追完の請求、報酬の減額の請求、損害賠償の請求及び契約の解除をすることができないとされました。
　現民法は「引き渡した時から1年」ですから、請負人の責任は、事実上かなり重くなります。

　　現民法第637条「瑕疵の修補又は損害賠償の請求及び契約の解除は、仕事の目的物を引き渡した時から1年以内にしなければならない。」

　　要綱第637条　「請負人が種類又は品質に関して契約の内容に適合しない仕事の目的物を注文者に引き渡した場合（引渡しを要しない場合にあっては、仕事が終了した時に目的物が種類又は品質に関して契約の内容に適合しない場合）において、注文者がその不適合を知った時から1年以内にその旨を請負人に通知しないときは、注文者は、その不適合を理由とする履行の追完の請求、報酬の減額の請求、損害賠償の請求及び契約の解除をすることができない。ただし、仕事の目的物を注文者に引き渡した時（その引渡しを要しない場合にあっては、仕事が終了した時）において、請負人が不適合を知り、又は重大な過失によって知らなかったときは、適用しない。」

　なお、注文者が請負人に対し目的物が契約の内容に適合しない旨を通知しさえすれば、請負人は適宜の対策を講ずることができ、履行が終了したとの請負人の信頼を保護し、

長期間の経過により瑕疵の判定が困難となることを回避するという同条の趣旨を達成することはできると考えられることから、裁判外の権利行使に代えて、不適合があることの通知で足りるとすべきであると説明されています。

ポイント4　現民法第639条、同第640条の削除

契約不適合責任の期間については売買と同様になります。

売買の規定と平仄を合わせる趣旨で、売買に規定のない「第637条及び前条第1項の期間は、第167条の規定による消滅時効の期間内に限り、契約で伸長することができる。」（第639条（担保責任の存続期間の伸長））と、同趣旨の第572条がある「請負人は、第634条又は第635条の規定による担保の責任を負わない旨の特約をしたときであっても、知りながら告げなかった事実については、その責任を免れることができない。」（第640条（担保責任を負わない旨の特約））の規定は削除されます。

ポイント5　仕事の目的物である土地工作物が契約の内容に適合しない場合の請負人の責任の存続期間

仕事の目的物である土地工作物が契約の内容に適合しない場合の請負人の責任の存続期間（民法第638条関係）を削除し、請負人の責任一般に関する第637条に従い、その起算点を「不適合を知った時」とし、注文者が1年以内にその旨を請負人に通知して権利を保全すべきとしています。

> 《コメント》
> 　仕事の目的物である土地工作物が契約の内容に適合しない場合の請負人の責任の存続期間に関する民法第638条は「建物その他の土地の工作物の請負人は、その工作物又は地盤の瑕疵について、引渡しの後5年間その担保の責任を負う。ただし、この期間は、石造、土造、れんが造、コンクリート造、金属造その他これらに類する構造の工作物については、10年とする。2　工作物が前項の瑕疵によって滅失し、又は損傷したときは、注文者は、その滅失又は損傷の時から1年以内に、第634条の規定による権利を行使しなければならない。」と規定していますが、前記のとおり、要綱では、制限期間の起算点が不適合の事実を知った時となるので、不適合の事実が注文者に明らかになっている以上、目的物が土地の工作物である場合について原則的な期間よりも長期の制限期間を設ける必要性は乏しいので（民法第638条第2項参照）、同条第1項は削除すべきであるとされました。また、民法第638条第2項は、土地の工作物が滅失などしたときは注文者にとって瑕疵の存在が明白になることから、同条第1項の期間にかかわらず、滅失等から1年以内に権利を行使しなければならないとするものですが、要綱の考え方を採れば、仕事の目的物が契約の趣旨に適合しない場合の注文者の権利一般について同条第2項と同様の趣旨に基づく規定が設けられることになるから、同項の規定は不要であると考えられ、民法第638条が削除されます。

ポイント6　注文者についての「破産手続の開始による解除」

注文者についての破産手続の開始による解除（民法第642条関係）について

(1)　注文者が破産手続開始の決定を受けたときは、破産管財人は、契約の解除をすることができる。

(2)　(1)に規定する場合には、請負人は、仕事を完成しない間に限り、契約の解除をすることができる。

とし、破産管財人の解除権は従前どおり残しますが、請負人の解除権については、仕事を完成しない間に限定するとしています。

1．破産管財人の解除権

注文者が破産手続開始の決定を受けた場合における破産管財人の解除権については現状を変更していません。

破産管財人の解除権については、民法第642条が破産法第53条の特則であり、民法第

642条のみが適用されると解されていることから、要綱の規律と破産法第53条の関係も同様に解されることになります。

契約が解除された場合には、請負人は既にした仕事の報酬及びその中に含まれていない費用の請求権を破産債権として行使することができます（民法第642条第1項後段）。そして、既にされた仕事の結果は注文者の破産財団に帰属すると考えられます（最判昭和53年6月23日金融法務事情875号29頁）。

2．請負人の解除権

注文者についての破産手続の開始による請負人からの解除について、要綱では、請負人は、仕事を完成しない間に限り、契約の解除をすることができる。と規定しています。

> ≪コメント≫
>
> その理由について、法務当局は次のように説明しています（部会資料72A、8頁）。「報酬の支払は、仕事の目的物の引渡しと同時履行の関係とされており、仕事の完成は報酬の支払に対して先履行とされている（民法第633条）。そのため、請負人は、注文者が破産手続開始の決定を受け、報酬の支払が危殆化した場合であっても、なお仕事を続け、これを完成させない限り、報酬を請求することはできないのが原則である。しかし、それでは請負人が多額の損害を受けるおそれがあることから、同法第642条第1項前段は、請負人を保護するため、破産管財人のみならず請負人にも解除権を与えている。もっとも、民法第642条第1項前段が上記のような趣旨に基づく規定であることからすると、注文者が破産手続開始の決定を受けた時点において、仕事が既に完成している場合にまで、請負人に解除を認める必要はないと考えられる。なぜならば、仕事が既に完成し、引渡しだけが未了の場合における請負人は、もはや仕事を継続する必要はなく、上記の趣旨は妥当しないからである。また、仕事が既に完成し、引渡しだけが未了の場合は、売買契約において双方の債務の履行が未了の場合と状況が類似しているが、双方未履行の売買契約において買主が破産手続開始の決定を受けた場合には、破産法第53条第1項により買主の破産管財人にのみ解除権が認められ、売主には解除権が認められないこととの均衡からしても、仕事の完成後にまで請負人に解除権を認める必要はないと考えられる。そこで、要綱は、民法第642条第1項前段の規律を改め、注文者が破産手続開始の決定を受けた場合に請負人が契約の解除をすることができるのは、請負人が仕事を完成しない間に限るとするものである。」

コラム27

錯誤無効が錯誤取消に変わって何が変わるのか。

現行法では錯誤ある意思表示の効力は無効とされていますが、改正案では、これを取消しできる意思表示に変更されました。取消しとしたことに伴い、錯誤取消の効果も、「善意でかつ過失がない第三者に対抗できない」ことになります。また、無効は、誰でもいつまでも主張できるのが原則ですが、改正後は、錯誤は、錯誤による意思表示をした人、又はその代理人若しくは承継人に限り、取り消すことができることになります（現民法第121条）。また、取消権になると、民法第126条が適用されることになり、「取消権は、追認をすることができる時から5年間行使しないときは、時効によって消滅する。行為の時から20年を経過したときも、同様とする。」ということになります。

アメリカのエスクロー制度について

　エスクローとは、不動産、動産を問わず、売買、移転、抵当権設定又は賃貸の目的で、契約書、金銭、権利証、その他関係書類を第三者に寄託し、一定の条件成就後、第三者をして、寄託した金銭又は証書類を取引の相手方に引き渡す一連の行為（カリフォルニア州法より）をいいます。以下は、主にカリフォルニア州の既存戸建住宅の売買取引を中心として売買のエスクロー制度を整理してみます。

買主サイド	売主サイド
①インターネット等による事前調査 ②エージェントの選定（エージェント契約） ③エージェントと物件見学の実施 　（エージェントのMLS掲載情報の入手） ④購買希望物件の選定	①インターネット等による事前調査 ②エージェントの選定（リスティング契約＝MLSの公開サイトに登録する等の契約） ③MLSへのリスティング（登録）、他販売活動（新聞広告、チラシ、オープンハウス、キーボックスの設置等）

買主サイド	共通	売主サイド
ローン等の資金計画の検討	・買主から売主に対する購入申込（オファー提出） ・売主からカウンターオファーがあれば、買主・売主側の合意に至るまで売買交渉 ・売買契約の締結	
	エスクロー・オープン	
事前承認証明書の提出 (pre-qualification)	**エスクロー・エージェントの業務** ・契約事務の代行（エスクロー指示書の作成・実施等）	・売主による物件情報開示 (Transfer Disclosure. Statement=TDS)
	各種付帯条件（contingency）等に関する諸対応（各種書類確認・履行期限の管理等、金銭や証書等の管理等）の実施	各種専門業者（ホーム・インスペクター等）
		・売主によるその他の情報開示、書類提出 ・シロアリ調査・駆除処置の実施
ローン申請手続き鑑定人による	**価格等の詰めの交渉、修理工事の実施等**	

アプレーザル（価格査定（appraisal））			・インスペクターによるホーム・インスペクション ・建築許可、行政的な制限等の調査
	付帯条件等の最終確認、取引完了準備		
			タイトル・インシュランス・カンパニーの業務
			・タイトル・サーチ（権利関係の調査） ・タイトル・インシュランス（権限保険による保証） ・登記
			保険会社
金融機関からのローン承認許可（貸付金はエスクロー・エージェントに入金）	買主の最終確認 (Walk through inspection)		・ホーム・ワランティ（保証）・プラン（建物の物理的性能の瑕疵に対する保証）
	エスクロー・クロージング、登記手続きの完了		

民法（債権法）改正の全容が分かる65のポイント

第1 公序良俗

ポイント1　公序良俗違反を判断するためには、法律行為が行われた過程その他の諸事情も考慮されるため現民法第90条の規定中の「事項を目的とする」という文言を削除し、要綱では、端的に「**公の秩序又は善良の風俗に反する法律行為は、無効とする。**」と規定しました。「事項を目的とする」との文言は、法律行為の内容が公序良俗に反する場合のみを指すとも解し得るからです。また、暴利行為に関する規律は適切な要件化が困難との理由から明文化されませんでした。

第2 意思能力

ポイント2　現民法には、意思無能力に関する規定はなく、解釈で無効となるとされてきたため、明文化については様々な意見が交わされました。その結果、意思無能力の定義は明記されませんでしたが、「法律行為の当事者が意思表示をした時に意思能力を有しなかったときは、その法律行為は、無効とする。」と明記されました。

第3 意思表示

ポイント3　冗談で言った意思表示（「心裡留保」といいます。）で保護する必要のない相手方の範囲を適正化するために、意思表示を無効とする場合の「ただし書」の規定は、現民法の「相手方が**表意者の真意を知り、又は知ることができたとき**」から「相手方が**その意思表示が表意者の真意ではないことを知り、又は知ることができたとき**」に変更されました。また、善意の第三者を保護するための第三者効が新たに設けられました。

ポイント4　錯誤については、意思と表示は一致しているが、そもそもの動機で勘違いしている場合のいわゆる「**動機の錯誤**」が新たに明文化されましたが、相手方の表示等で錯誤に陥るいわゆる「**不実表示**」を錯誤とする規定の明文化は見送られました。ただし、明文化された動機の錯誤の要件でも不実表示による錯誤は主張し得るという説が根強くありますから、今後も目が離せません。なお、錯誤の効果は無効から取消しになりました。

ポイント5　詐欺の規定については、第三者詐欺の規定が変わりました。**第三者詐欺で保護すべき第三者の範囲を被害者である表意者とのバランスをとるため、相手方がその第三者詐欺の事実について「知っていたとき」だけでなく、「知ることができたとき」も取消をできることにしました。**対抗できない第三者は善意・無過失か、善意であれば有過失でも良いか明確ではありませんでしたが、善意・無過失の

第三者と明記されたわけです。詐欺における表意者は被害者であるので、心裡留保・通謀虚偽表示において保護される善意の第三者（善意であればよい）の範囲よりも狭くしたものです。

ポイント6 第三者の詐欺についての第三者を「相手方から媒介をすることの委託を受けた者又は相手方の代理人」に限定する案、あるいは「媒介受託者及び代理人のほか、その行為について相手方が責任を負うべき者」とする案は見送られました。前者の案は、表意者の救済を狭めるおそれがあり、また、後者の案は、「その行為について相手方が責任を負うべき者」という同義反復で表現もあいまいすぎるとして、民法第96条第1項及び第2項の解釈適用に委ねたほうが妥当な解決を導くと考えられたからです。ただし、見送られたといっても、裁判で争われることはあるので注意は要します。

ポイント7 隔地者以外の者に対する意思表示についても到達主義が適用されることを明確にするため、民法第97条第1項の「隔地者に対する意思表示」を単に「意思表示」に改めています。相手方が正当な理由なく意思表示の通知が到達することを防げたとき到達とみなす旨の規定が設けられました。

ポイント8 意思表示の受領能力について、従前解釈に委ねられていた「相手方がその意思表示を受けた時に意思能力を有しなかったときは、その意思表示をもってその相手方に対抗することができない。」との規律が新たに設けられました。

第4　代理

ポイント9 代理制度については、判例を反映するための改正がほとんどで実務で気をつけるべきところは多くありませんが、次の点に留意して下さい。

(1) 自己契約、双方代理、利益相反行為、代理権の乱用が無権代理と明記され、追認が可能となりました。
(2) 自己契約、双方代理、利益相反行為は本人があらかじめ許諾すれば有効になります。
(3) 制限能力者が代理人としてした行為は、行為能力の制限によって取り消すことはできませんが、制限能力者が本人で、それを制限能力者が代理した場合は、本人（制限能力者）を保護するため、取消をすることができます。

第5　無効及び取消

ポイント10 実務上大きく影響する改正はありませんが、追認（法定追認を含みます）をするには取り消すことができることを知っている必要がある旨が明記されました。

第6　条件及び期限

ポイント11　条件が成就することによって利益を受ける当事者が不正にその条件を成就させたときは、相手方は、その条件が成就しなかったものとみなすことができるとの規律が新設されました。

第7　消滅時効

ポイント12　「債権は、10年間行使しないときは、消滅する。債権又は所有権以外の財産権は、20年間行使しないときは、消滅する。」から、「(1)債権者が権利を行使することができることを知った時から5年間行使しないとき。(2)権利を行使することができる時から10年間行使しないとき。」に改正され、この改正に伴い、商法第522条を削除するものとするとされました。この結果、農協・信用金庫と銀行の貸付金の時効期間は統一されます。

ポイント13　現民法第169条は、地代や家賃、マンションの管理費のような年又はこれより短い時期によって定めた金銭その他の給付を目的とする定期給付債権について、その時効期間を5年間としていますが、この地代・家賃・管理費の消滅時効に関する民法第169条は削除され原則的なルールに統一されます。

ポイント14　職業別の短期消滅時効等については、民法第170条から第174条までが削除されます。現民法第170条第1号は「医師」の「診療」に関する債権につき3年の消滅時効期間を定めていますが、この規定が、あん摩マッサージ指圧師、はり師、柔道整復師といった隣接する職業についても適用ないし類推適用されるのかについて疑義が生じていること、また、民法第170条から第174条までについては、時代の変化に伴い、列挙されている債権とその他の債権との時効期間の差異を合理的に説明することが困難になってきているという問題もある上、例えば、医師の診療に関する債権は時効期間が3年とされていますが（民法第170条第1号）、大病院で行う高度先進医療に関する高額の債権に同条の趣旨はおよそ妥当し難いと考えられるからです。

ポイント15　改正後の消滅時効の規定は、施行日以降に生じた債権に適用されます。

ポイント16　一般の不法行為による損害賠償請求権の消滅時効（民法第724条関係）については、「(1)被害者又はその法定代理人が損害及び加害者を知った時から3年間行使しないとき。(2)不法行為の時から20年間行使しないとき。」と規律し、生命・身体の侵害による損害賠償請求権の消滅時効については、「(1)被害者又はその法定代理人が損害及び加害者を知った時から5年間行使しないとき。(2)権利を行使することができる時から20年間行使しないとき。」と規律されます。

ポイント17　時効の「中断」が時効の「更新」へ用語が変わり、「停止」が「完成猶予」

に変わります。新たに協議による時効完成猶予の制度が設けられます。

第8　債権の目的（法定利率を除く。）

ポイント18　特定物の引渡しの場合の注意義務（民法第400条関係）は、「債権の目的が特定物の引渡しであるときは、債務者は、その引渡しをするまで、契約その他の債権の発生原因及び取引上の社会通念に照らして定まる善良な管理者の注意をもって、その物を保存しなければならない。」とし、「契約その他の債権の発生原因及び取引上の社会通念に照らして定まる」という文言が追加されました。改正民法が、合意を重視する一環として理解すべき点です。

第9　法定利率

ポイント19　変動制による法定利率が採用されました。改正後の法定利率は、年3パーセントとされ、その後は、法務省令で定めるところにより、3年を一期とし、一期ごとに、変動するものとされました。

ポイント20　中間利息控除についても年3パーセントの法定利率が適用される結果、損保関係で支払われる保険金は高額になりますが、それに伴い、保険金が高くなるのではないかと指摘されています。また、中間利息控除が変動制となると、損保保険のしくみが破壊されるのではないかとの懸念が示されていることを付記しておきます。

ポイント21　法定利率を変動制とする場合には、ある債権についてどの時点の法定利率を適用するかについては、改正法は、「利息を生ずべき債権（元本債権）についての法定利率の適用の基準時は、利息が生じた最初の時点とし、仮にその後に法定利率が変動したとしても適用される法定利率は変わらないこととしています。」元本債権の存続中にこれに適用される法定利率が変わるとすると、事務的な負担が大きいとの指摘があったことを踏まえたものです。

ポイント22　金銭債務の不履行についての損害賠償（遅延損害金）の額については、金銭債務の遅滞の時（民法第412条参照）の法定利率によることとするとされ、他方、中間利息控除に用いる利率については、損害賠償請求権が生じた時の法定利率によることとされています。

第10　履行請求等

ポイント23　履行の不能について「債務の履行が契約その他の債務の発生原因及び取引上の社会通念に照らして不能であるときは、債権者は、その債務の履行を請求することができない。」との規定が新設されます。

ポイント24　金銭債務について履行不能の規律を適用するか否かについては、金銭債務の性質上、履行不能に関する規律が適用されないのは自明のことである一方

で、金銭債務の履行不能を一切否定することには異論を述べる見解もあること等を踏まえ、明文化は見送られています。

ポイント25　履行の強制については実務の運用に即した規律の改正がなされましたが、実務への影響はないでしょう。

第11　債務不履行による損害賠償

ポイント26　従前の「責めに帰すべき事由」が「契約その他の債務の発生原因及び取引上の社会通念に照らして責めに帰すべき事由」に、瑕疵担保責任が「契約の内容に適合しない場合の売主の責任」となることで、現実の実務において契約書の文言が重視される傾向が強まることになると思います。不動産取引であれば事前の専門家調査（インスペクション）を厳密に実施し、合意の内容が実態・事実に基づくものとし、合意の内容が永続的に担保される環境をつくることに専念することになると思われます。

ポイント27　損害賠償の請求をすることができる場合において、次のいずれかに該当するときは、債権者は、債務の履行に代わる損害賠償の請求をすることができます。

(1)　債務の履行が不能であるとき。
(2)　債務者がその債務の履行を拒絶する意思を明確に表示したとき。
(3)　債務が契約によって生じたものである場合において、その契約が解除され、又は債務の不履行による契約の解除権が発生したとき。

ポイント28　債務者がその債務について遅滞の責任を負っている間に当事者双方の責めに帰することができない事由によってその債務の履行が不能となったときは、その履行の不能は、債務者の責めに帰すべき事由によるものとみなされます。

ポイント29　損害賠償の範囲について次のような規定が設けられます。

　債務の不履行に対する損害賠償の請求は、これによって通常生ずべき損害の賠償をさせることをその目的とする。

2項　特別の事情によって生じた損害であっても、当事者がその事情を予見すべきであったときは、債権者は、その賠償を請求することができる。

　この2項は、予見が事実としての予見可能性の有無によって判断されるものでなく、規範的な評価がされるものであることを明確にしたものです。

ポイント30　債務不履行の過失相殺については、「債務の不履行」だけでなく、「これによる損害の発生若しくは拡大に関して債権者に過失があったとき」にも過失相殺が考慮できることを明確にするための規定になります。

ポイント31　損害賠償の予定について、民法第420条第1項後段の「裁判所は、その額を増減することができない。」との部分が削除され、従前の判例に適合させるべく、今後は、損害賠償の予定を合意しても、事案によっては裁判所が額の増減が

できるようになります。

第12　解除

ポイント32　従前の催告解除の他に無催告解除の要件が明記されました。

ポイント33　催告解除における催告の期間を経過した時における債務の不履行が当該契約及び取引上の社会通念に照らして軽微であるときは、解除できません。

ポイント34　債務者に「責めに帰すべき事由」がなくても「契約の目的を達することができないとき」は無催告解除できます。

ポイント35　債務不履行が債権者の責めに帰すべき事由によるときは、催告解除も無催告解除もできません。

ポイント36　解除権を有する者が故意若しくは過失によって契約の目的物を著しく損傷し、若しくは返還することができなくなったとき、又は加工若しくは改造によってこれを他の種類の物に変えたときは、解除権は、消滅します。ただし、解除権を有する者がその解除権を有することを知らなかったときは、この限りでありません。

第13　危険負担

ポイント37　危険負担制度とは、契約締結後、履行までの間に天災地変等当事者に帰責事由がない原因によって債務が履行できなくなった場合の制度をいいますが、中間試案段階では、解除の要件から「債務者の責めに帰すべき事由」が排除されたことから、当事者双方の帰責事由によらずに債務を履行することができなくなったときの「危険負担制度」は解除制度で処理し得ると説明されていました。しかしながら、危険負担制度は、一般的制度で、解除制度に吸収すべきでないとの意見が強く、また、天災地変直後では相手方当事者が行方不明の場合もあり、いちいち解除しなければ契約が終了しないというのは現実的でないということから再議論がなされました。要綱では履行拒絶事由の一つとして位置付けられ、**債務は当然消滅するものではないが、永久に履行拒絶できるということからすると自然債務的なもの**になります。自己の反対給付債務を確定的に消滅させたい債権者は、債務不履行による契約の解除をすることになります。

第14　受領遅滞

ポイント38　受領遅滞の効果としては、現民法第413条（「債権者が債務の履行を受けることを拒み、又は受けることができないときは、その債権者は、履行の提供があった時から遅滞の責任を負う。」）を削除のうえ、次の規律が設けられます。

(1)　保存義務の軽減

　　債権者が債務の履行を受けることを拒み、又は受けることができない場合に

おいて、その債務の目的が特定物の引渡しであるときは、債務者は、履行の提供をした時からその引渡しをするまで、自己の財産に対するのと同一の注意をもって、その物を保存すれば足りる。
(2) 履行費用の債権者負担
　　債権者が債務の履行を受けることを拒み、又は受けることができないことによって、その履行の費用が増加したときは、その増加額は、債権者の負担とする。
(3) 受領遅滞中の履行不能
　　債権者が債務の履行を受けることを拒み、又は受けることができない場合において、履行の提供があった時以後に当事者双方の責めに帰することができない事由によってその債務の履行が不能となったときは、その履行の不能は、債権者の責めに帰すべき事由によるものとみなす。

第15　債権者代位権

ポイント39　今回の改正案は、従前の実務を大きく変えるものではなく判例と実務を明文化するものです。変更点としては、債権者代位権が行使された場合でも、債務者は被代位債権の処分権を失わないことが挙げられます。

第16　詐害行為取消権

ポイント40　今回の改正案は、従前の実務を大きく変えるものではなく判例と実務を明文化するものものです。詐害行為取消請求を認容する判決が債務者にも及ぶことや、除斥期間が10年とされるなど、変更点があります。

第17　多数当事者

ポイント41　連帯債務に関する規定が適用される場面を明らかにするため、連帯債務は、債権の目的が性質上可分で、法令の規定または当事者の意思表示で連帯債務とする場合であり、不可分債務は、債権の目的が性質上不可分の場合に限ることになります。

ポイント42　今般の改正案では、履行のほか、民法第435条（更改）、民法第436条第１項（相殺）、民法第438条（混同）を絶対効とし、履行の請求、免除、時効の完成を相対効とするものとする規定になります。このような改正がされるのであれば、債権の効力を弱める絶対的効力事由の多さとの均衡上請求に絶対的効力を認めるという根拠も失われることになることから、現民法第434条が削除され、履行の請求の効力にも民法第440条が適用されて相対効となり、１人の連帯債務者に対する履行の請求は、他の連帯債務者に及ばないことになります。ただし、連帯債務者Ａ及びＢが債権者に対して連帯債務を負担している場合に、債権者がＡに請求をした場合にはＢにその効力が及ぶことがあらかじめ債権者とＢとの間で取引約定書、特約

等で合意されていたときは、Aに対する請求はBに対しても効力を有することになります。したがって、実務上は、取引約定書や特約によって絶対効の条規を入れることで対応することになるでしょう。

ポイント43　「債権の目的がその性質上可分である場合において、法令の規定又は当事者の意思表示によって数人が連帯して債権を有するときは、各債権者は、全ての債権者のために全部又は一部の履行を請求することができ、債務者は、全ての債権者のために各債権者に対して履行をすることができる。」との連帯債権の規定が明記されます。

第18　保証債務

ポイント44　事業のための貸金債務についての個人保証の制限と特則
① 事業のための貸金債務又は貸金債務が含まれる根保証契約についての個人保証契約は、保証契約締結の前1ヵ月以内に、保証債務を履行する意思が公正証書で確認されていなければ効力を生じません。
② 事業のための貸金債務又は主たる債務の範囲に同様の貸金債務が含まれる根保証契約の保証人が有する、主たる債務者に対する求償権を、個人が保証する場合も、①と同様です。
③ 保証人となろうとする者が個人であっても、主たる債務者が法人である場合の取締役や理事・執行役・これに準じる者、総株主の議決権の過半数を有する者等が保証人となる場合は、①、②は適用しません。主たる債務者が個人である場合の共同して事業を行う者、事業に現実に従事している配偶者についても、①、②は適用しません。

　以上の規律は、貸金債務についての個人保証の意思確認を公証人が厳格に行うことで、個人保証人となろうとする者の保護を図ろうとするものです。
　この結果、事業のための貸金債務の個人保証には、原則として①の公正証書手続きが必要となります。また、一定の範囲の者については③のように公正証書作成義務が課せられませんが、金融機関で個人保証を取ることは減少すると思われます。それは、既に「金融検査マニュアル（預金等受入金融機関に係る検査マニュアル）」（内閣府・平成24年6月）は金融機関に対し、個人保証に極めて慎重な姿勢をとることを要請しているからです。

ポイント45　個人根保証契約における極度額の設定
① 個人根保証（一定の範囲に属する不特定債務について個人が保証人となる保証）は、個人の保証人が責任を負う最大限の額（極度額）を定め、かつ書面又は電磁的記録で契約されなければ効力を生じません。
② 個人根保証の保証人が保証する具体的な元本額は、次の場合に確定します。
　ア　保証人が破産手続開始の決定を受けたとき。

イ　保証人の財産に強制執行又は担保権の実行の手続の開始があったとき。
　ウ　主たる債務者又は保証人が死亡したとき。
③　主たる債務に貸金や手形債務の割引を受けることで負担する債務が含まれている場合は、次の場合も元本が確定します。
　ア　主たる債務者の財産に強制執行又は担保権の実行の手続の開始があったとき。
　イ　主たる債務者が破産手続開始の決定を受けたとき。

(コメント)
①　保証人保護のため、貸金債務等を個人が根保証する場合（貸金等個人根保証）は極度額を定めなければ無効となる等の改正が、平成16年に行われていましたが、今回の改正は、平成16年当時の国会の付帯決議に基づき個人保証人の保護の範囲を拡大し、不動産賃貸借契約等の個人根保証等も対象としたものです（部会資料70A、4頁参照）。

②　極度額とは、元本、利息、損害賠償等、保証債務に関する全てを対象として最大限、保証人が負う可能性のある限度額のことで、確定した元本に対する遅延損害金が発生する場合であっても、その遅延損害金を含めて最大限保証人が支払うべき金額です。例えば極度額が500万円で元本として400万円が確定すると、その後遅延損害金がどれだけ増額しても極度額500万円以上の支払義務を保証人は負わないということです。

　極度額に明文の規制はありませんが、極度額が保証の目的や保証人の資力等に鑑みて極端に大きな場合は、公序良俗違反として無効となる可能性があります。

③　個人根保証で保証される具体的な元本額は、一定の場合に確定しますが、貸金等個人根保証とその他の個人根保証とで異なります。

	元本確定事由	貸金等個人根保証	建物賃貸借等その他の個人根保証
①	債権者が、**保証人の財産**について、金銭の支払を目的とする債権についての強制執行又は担保権の実行を申し立てたとき。（ただし、強制執行又は担保権の実行の手続の開始があったときに限る。）	確定する	確定する

②	保証人が破産手続開始の決定を受けたとき。	確定する	確定する
③	主たる債務者又は保証人が死亡したとき。	確定する	確定する
④	債権者が、**主たる債務者の財産**について、金銭の支払を目的とする債権についての強制執行又は担保権の実行を申し立てたとき。(ただし、強制執行又は担保権の実行の手続の開始があったときに限る。)	確定する	確定しない →理由★
⑤	主たる債務者が破産手続開始の決定を受けたとき。	確定する	確定しない →理由★

★ 例えば、賃借人に強制執行等がなされても元本確定はしません。賃借人の財産状況が悪化しても、賃料不払いなどによって信頼関係が破壊されない限り、賃貸借契約は続くからです（部会資料83-2、18頁参照）。

ポイント46 事業のための保証契約締結時の個人保証人に対する情報の提供義務

事業のための個人保証人の保護のため、

① 事業のために生じる債務の保証又は、主たる債務の範囲に事業のために負担する債務が含まれる根保証を個人に対し、依頼するときは、債務者は、当該個人に対して債務者の財産や収支、債務の状況、担保として提供するものがあるか等の情報提供をしなければなりません。

② 債務者が①の情報提供をしなかったり事実と異なる情報提供をしたこと（以下「不実の情報提供等」）によって個人が保証人となった場合で、債権者が不実の情報提供等があったことを知っていたか又は知ることができたときは、保証人は保証契約を取り消せることができます。

（コメント）

事業のための貸金債務の他、例えば、事務所や店舗の建物賃貸借契約などの事業のための個人保証人に対しても、賃借人に上記①の情報提供義務があり、不実の情報提供等がなされ、そのことを債権者が知ることができた場合などは、保証人は保証契約を取り消せることになるので、保証契約の際、「賃借人は、保証人に対し、賃借人の財産や収支、債務の状況、担保として提供したものが

あるか等を真実正確に情報提供、説明したものであり、保証人は、その情報提供、説明を受けたことを確認する。賃借人は、賃貸人、保証人に対し、同内容が事実であることを確認、保証する。」等の表明書面が作成されるべきです。

ポイント47　保証人の請求による履行状況に関する債権者の情報提供義務

　保証人から請求があれば、債権者は、遅滞なく主たる債務の元本、利息、損害賠償、その他、主たる債務に関する全ての債務について、不履行の有無、残額、弁済期が到来しているものの額に関する情報等を知らせなければなりません。

　この義務は、個人保証人からの照会に限られず、保証人に対する情報提供について、債権者が守秘義務の制約を免れる根拠となり得るものであることから、法人である保証人もその対象に含むこととしました（部会資料83－2、22頁以下）。

　この義務に違反して照会に正確に応じなかった場合、損害賠償責任が問われる可能性があります。

ポイント48　期限の利益を喪失した場合における債権者の情報の提供義務

　個人保証人を保護するため、

① 　主たる債務者が期限の利益を有する場合、主たる債務者が期限の利益を喪失したときは、債権者は、個人保証人に対し、期限の利益喪失を知ったときから2ヵ月以内に、期限を喪失した旨を通知しなければなりません。

② 　その通知を債権者がしなかったときは、債権者は、個人保証人に対しては、期限の利益喪失時から通知をするまでの間の遅延損害金を請求できません。

ポイント49　保証債務の附従性について

「主たる債務の目的又は態様が保証契約の締結後に加重されたときであっても、保証人の負担は加重されない。」との規律が設けられるので、今後、賃貸借契約中に賃料の増額がなされた場合、保証人は増額分については責任を負うのか問題になるでしょう。この点は契約書の特約で「増額された賃料においても責任を負う」旨の合意をすることを検討すべきと思います。

第19　債権譲渡

ポイント50　債権譲渡の効力を整理すると次のようになります。

① 　譲渡禁止特約があっても債権譲渡は原則有効
② 　譲渡禁止特約がある債権譲渡の悪意・重過失の譲受人には債務者は履行拒絶できる
③ 　譲渡禁止特約のある預貯金債権の悪意・重過失の譲受人に対しては無効
④ 　預貯金債権の譲渡禁止特約は差押権者に対抗できない

ポイント51　将来債権の譲渡性について、次のような規律を設けられます。

　ア　債権の譲渡は、その意思表示の時に債権が現に発生していることを要し

ない。
　　イ　債権が譲渡された場合において、その意思表示の時に債権が現に発生していないときは、譲受人は、発生した債権を当然に取得する。

　したがって、未だ発生していない賃料債権も譲渡することができるということです。

ポイント52　将来の不動産の賃料債権が譲渡された場合、賃料債権の譲受人は、その物件が第三者に譲渡された場合でも、その後に発生した賃料債権も取得することができると解されます。

第20　有価証券

ポイント53　特に実務に影響を与える改正はないと思われます。

第21　債務引受

ポイント54　「併存的債務引受の引受人は、債務者と連帯して、債務者が債権者に対して負担する債務と同一の内容の債務を負担する。」と明記されました。

ポイント55　「併存的債務引受は、債権者と引受人となる者との契約によってすることができる。」と明記されるとともに「併存的債務引受は、債務者と引受人となる者との契約によってもすることができる。この場合において、併存的債務引受は、債権者が引受人となる者に対して承諾をした時に、その効力を生ずる。」と明記されました。

ポイント56　①「免責的債務引受の引受人は債務者が債権者に対して負担する債務と同一の内容の債務を負担し、債務者は自己の債務を免れる。」②「免責的債務引受は、債権者と引受人となる者との契約によってすることができる。この場合において、免責的債務引受は、債権者が債務者に対してその契約をした旨を通知した時に、その効力を生ずる。」③「免責的債務引受は、債務者と引受人となる者が契約をし、債権者が引受人となる者に対して承諾をすることによってもすることができる。」と明記されました。②の規律は、従来の実務を変更するものです。その他、免責的債務引受による担保権等の移転に関する規律が明記されました。

第22　契約上の地位の移転

ポイント57　「契約の当事者の一方が第三者との間で契約上の地位を譲渡する旨の合意をした場合において、その契約の相手方が当該譲渡を承諾したときは、契約上の地位は、当該第三者に移転する。」との規律が明記されました。不動産の譲渡に伴う賃貸人の他位の移転については、別途規定があるので、賃借人の承諾は不要です。

第23　弁済

ポイント58　細かな規律の明記や規律の変更はありましたが、事務に大きな影響を与える改正はありません。

第24　相殺

ポイント59　昭和45年の最高裁判決無制限説を明文化するものです。

　第三者の差押え後に取得した債権（他人の債権を除く）でも差押え前の原因に基づいて生じたものである時は相殺を対抗できます。差押え前に委託を受けた保証人が差押え後に保証債務を履行したことにより生じた事後求償権を自働債権とする相殺や、差押え前に締結されていた銀行取引約定書に基づき差押え後に生じた手形買戻請求権を自働債権とする相殺などについて問題となります。

取得した債権	相殺の可否
第三債務者が差押え後に取得した債権	×
第三債務者が差押え前に取得した債権	○
第三債務者が差押え後に取得した債権が差押え前の原因に基づいて生じた時	○
第三債務者が差押え後に取得した他人の債権が差押え前の原因に基づいて生じた時	×

第25　更改

ポイント60　更改には、従前の給付の内容についての重要な変更とともに「更改の意思」が必要となります。

第26　契約に関する基本原則

ポイント61　契約の自由の原則が明記され、いわゆる原始的不能に関しても「契約に基づく債務の履行がその契約の成立の時に不能であったことは、その履行の不能によって生じた損害の賠償を請求することを妨げない。」と明記されました。損害賠償も履行利益が基準となります。

第27　契約の成立

ポイント62　到達主義が明記されたほか、従前解釈上疑義があった点についていくつかの規定が明記されました。

第28　定型約款

ポイント63　企業間取引において用いられる約款が基本的には定型約款には含まれないことを更に明確になるように修正すべきであるとの指摘や労働契約が除外されることがより分かりやすくなるようにすべきであるとの指摘を受けて、「定型約款とは、定型取引（ある特定の者が不特定多数の者を相手方として行う取引であって、その内容の全部又は一部が画一的であることがその双方にとって合理的なものをいう。以下同じ。）において、契約の内容とすることを目的としてその特定の者により準備された条項の総体をいう。」とされました。その他、定款についてのみなし合意、新たなルールを組み入れる要件が明記されました。

通常の不動産売買、賃貸では、「画一的であることが合理的」にあたらないので、定型約款による規制は受けないものと考えられます。

第29　第三者のためにする契約

ポイント64
1　第三者のためにする契約の成立等（民法第537条関係）

民法第537条に次のような規律を付け加えるものとする。

民法第537条第1項の契約は、その成立の時に第三者が現に存しない場合又は第三者が特定していない場合であっても、そのためにその効力を妨げられない。

2　要約者による解除権の行使（民法第538条関係）

民法第538条に次のような規律を付け加えるものとする。

民法第537条の規定により第三者の権利が発生した後に、債務者がその第三者に対する債務を履行しない場合には、同条第1項の契約の相手方は、その第三者の承諾を得なければ、契約を解除することができない。

と明記されます。

第30　売買から、第39　組合まで

ポイント65　改正される論点、規律が細かになるので、本文を見て頂きたいのですが、売買の「契約の内容に適合しない場合の売主の責任」が重要であります。また、従前の要物契約が諾成契約になった消費貸借契約、使用貸借契約に留意すべきでしょう。なお、売買については本書37頁以下、賃貸借は同58頁以下、贈与は同89頁以下、消費は同89頁以下、使用貸借は同91頁以下、請負は同93頁をそれぞれ参照して下さい。

編集責任者プロフィール

柴田龍太郎（しばた　りゅうたろう）

昭和49年　早稲田大学法学部卒業。
昭和53年　司法試験合格。
昭和56年　検事任官（東京地検・徳島地検）。
昭和59年　弁護士登録。
平成10年4月から平成13年3月まで、最高裁判所の委嘱により最高裁判所司法研修所弁護教官。
平成17年度から平成19年度まで法務大臣の任命により司法試験考査委員（憲法）
平成23年度～平成26年度
　公益社団法人全国宅地建物取引業協会連合会主催「民法改正動向をふまえた宅地建物取引制度のあり方に関する研究会」委員。
　執筆した著書（共著含む）に全宅連版「わかりやすい売買契約書の書き方」（大成出版）、全宅連版「わかりやすい重要事項説明書の書き方」（大成出版）、問答式宅地建物取引業の実務（新日本法規）、問答式マンションの実務（新日本法規）、不動産取引トラブル解決の手引き（新日本法規）など。

公益社団法人東京都宅地建物取引業協会研修センター法定講習講師
公益財団法人不動産流通推進センター登録講習講師

**Q&A　要綱に基づく
民法（債権法）改正が不動産取引に与える影響**

2015年8月15日　第1版第1刷発行

　編　著　　深沢綜合法律事務所
　　　　　　　　（編集責任　柴田龍太郎）
　発行者　　松　林　久　行
　発行所　　株式会社 大成出版社
　　　　　　東京都世田谷区羽根木1－7－11
　　　　　　〒156-0042　電話 03（3321）4131（代）
　　　　　　http://www.taisei-shuppan.co.jp/

©2015　深沢綜合法律事務所（検印省略）　　印刷　信教印刷
　　　　落丁・乱丁はお取り替えいたします。

ISBN978-4-8028-3217-5